LES GLANDES
DE L'URÈTRE

ÉTUDE CLINIQUE ET PATHOLOGIQUE

PAR

E. RELIQUET

ANCIEN INTERNE DES HOPITAUX DE PARIS, LAURÉAT DE L'INSTITUT
OFFICIER DE LA LÉGION D'HONNEUR, ETC.

ET

A. GUÉPIN

ANCIEN INTERNE - LAURÉAT DES HOPITAUX DE PARIS, ETC.

TOME PREMIER

PARIS
ANCIENNE MAISON DELAHAYE
L. BATTAILLE ET Cie
ÉDITEURS
23, PLACE DE L'ÉCOLE-DE-MÉDECINE, 23

1894

LES

GLANDES DE L'URÈTRE

TOME PREMIER

LES GLANDES
DE L'URÈTRE

ÉTUDE CLINIQUE ET PATHOLOGIQUE

PAR

Æ. RELIQUET

ANCIEN INTERNE DES HOPITAUX DE PARIS, LAURÉAT DE L'INSTITUT
OFFICIER DE LA LÉGION D'HONNEUR, ETC.

ET

A. GUÉPIN

ANCIEN INTERNE-LAURÉAT DES HOPITAUX DE PARIS, ETC.

TOME PREMIER

PARIS
ANCIENNE MAISON DELAHAYE
L. BATTAILLE ET Cie
ÉDITEURS
23, PLACE DE L'ÉCOLE-DE-MÉDECINE, 23

1894

LES GLANDES DE L'URÈTRE

(ÉTUDE CLINIQUE ET PATHOLOGIQUE)

CHAPITRE PREMIER

Anatomie normale des Glandes de l'urètre.

Il nous paraît utile, au début d'un travail de pathologie, de rappeler en quelques mots l'anatomie des glandes de l'urètre, en ne parlant ici que de ce qui nous semble devoir faciliter l'intelligence des chapitres suivants.

I

Développement des glandes urétrales.

Jusqu'au commencement du troisième mois lunaire de la vie intra-utérine, l'épithélium urétral reste lisse (1). Cadiat admet cependant qu'à cette époque les

(1) Tourneux et Hermann, *Dict. encycl. des Sciences médicales* (article : *sinus uro-génital*).

glandes prostatiques se sont déjà montrées (1). Telle n'est point l'opinion de Kœlliker. Quoi qu'il en soit, on peut constater, un peu plus tard, que des cylindres épithéliaux, partis de tous les points de l'urètre, s'enfoncent en rayonnant au milieu des éléments voisins. Ces cylindres épithéliaux, d'abord pleins et allongés, présentent un développement considérable dans la région prostatique. Rectilignes ou à peu près et non bifurqués jusqu'à leur extrémité terminale, c'est vers ce point qu'ils bourgeonnent et se ramifient. Puis ils se creusent d'une lumière centrale (2) et au quatrième mois, on trouve un épithélium cylindrique tapissant leur cavité. C'est ainsi que se montrent au début, la prostate, les glandes de Littre, les glandes de Méry. Ces glandes continuent à se développer jusqu'à la naissance. Elles paraissent, de plus, augmenter de volume jusqu'à la puberté. Mais ceci n'a été nettement constaté que pour la prostate seule. Enfin, chez le vieillard, elles seraient comme tous nos organes le siège de phénomènes régressifs qui souvent confinent à la pathologie ; nous aurons l'occasion d'y revenir plus loin.

La prostate, primitivement formée de deux masses latérales qui se fusionnent bientôt en arrière de l'urètre, présente, au septième mois, le volume d'un gros pois (Thompson). Cette fusion des lobes prostatiques, en arrière de l'urètre, a lieu dès le quatrième mois et la prostate forme alors une sorte de canal ouvert en avant

(1) Cadiat, *Journal de l'Anatomie et de la Physiologie*, 1884.
(2) Regnault, *Journal de l'Anatomie et de la Physiologie*, 1892, n° 1 *(Étude sur l'évolution de la prostate, etc.)*.

dans lequel l'urètre vient s'engager, disposition qui ne persiste point chez l'adulte, sauf le cas d'anomalies. En effet, la portion antérieure se ferme à son tour et par le développement de tissu glandulaire à ce niveau et par l'apparition de fibres musculaires striées constituant le sphincter vésical volontaire (1).

A côté des glandes urétrales proprement dites, il nous faut citer les follicules que l'on considère généralement aujourd'hui comme des glandes rudimentaires. Ils ne se développent qu'après la naissance, d'après Robin et Cadiat (2), et ils se rencontrent sur toute la longueur de l'urètre, même dans la cavité de l'utricule prostatique, qui elle ne renferme pas de véritables glandes (3).

II

Glandes de Littre et leurs canaux excréteurs. — Mécanisme d'occlusion de ces canaux. — Anomalies. — Glandes de Cowper. — Glandes de l'urètre de la femme.

Les glandes de Littre sont de toutes les mieux connues. Henle et avec lui plusieurs auteurs n'admettent leur existence que dans la région spongieuse. Mais il nous a paru qu'il y en avait sur toute la longueur du canal, sauf, toutefois, dans la région balanique. Rudimentaires, en général, dans la portion prostatique, elles offrent dans ce point comme une sorte de transition

(1) Charpy, *Leçons d'anatomie* (organes G. U.).
(2) Robin et Cadiat, *Journal de l'Anatomie et de la Physiologie*, 1875.
(3) Robin et Cadiat, *Structure de l'utérus mâle*.

entre les glandes de l'urètre antérieur et les glandules que l'on a signalé au niveau du trigone vésical. On pourrait donc dire que le canal de l'urètre, depuis le col de la vessie jusqu'à la portion balanique, est entouré d'une véritable gaine formée par des glandes de Littre dont le volume et le nombre varient suivant les points et parfois même suivant les sujets. Dans la région prostatique, ces glandes sont particulièrement apparentes à la paroi supérieure de l'urètre. En général, leur développement est médiocre (1). Quelquefois, au contraire, elles sont assez volumineuses pour pouvoir être confondues avec les corps glandulaires de la prostate elle-même. C'est là, pensons-nous, la raison qui a fait admettre que la prostate (glande) formait à l'urètre un véritable canal. Les caractères macroscopiques et microscopiques de ces glandes, qui occupent la paroi supérieure de l'urètre, nous paraissent démontrer qu'il ne s'agit point de lobules prostatiques, mais bien de glandes de Littre comme celles que nous allons décrire. L'urètre prostatique traverse donc bien un anneau glandulaire, mais non pas un anneau prostatique.

Les orifices de ces glandes forment un pointillé serré à la paroi supérieure du canal ; ils sont, au contraire, disposés en séries longitudinales et régulières sur la paroi inférieure de l'urètre. Mais ici ils sont beaucoup plus rares. Chacun de ces orifices est très difficile à apercevoir et le cathétérisme en est à peu près impossible tant est grande leur ténuité. Des dépressions ou fossettes de la muqueuse urétrale où viennent s'ouvrir

(1) JARJAVAY, *De l'Urètre de l'homme*, Paris, 1856.

les orifices sont, en général, confondues avec les orifices glandulaires eux-mêmes.

Le corps glandulaire que l'on découvre plus facilement, en revanche, est situé immédiatement au-dessous de la muqueuse, par conséquent en dedans des sphincters urétraux et en contact avec eux. Les glandes de la partie supérieure du canal prostatique sont comprises entre l'urètre, d'une part, et les fibres des sphincters, de l'autre, et cette position seule suffirait à la rigueur à les différencier des glandes prostatiques. En somme, tous ces organes sont en dedans des différents plans musculaires lisse et strié qui entourent l'urètre.

Dans les portions membraneuse et spongieuse où l'on constata tout d'abord l'existence des glandes de Littre, (Littre) les glandes les plus volumineuses occupent la paroi supérieure du canal. C'est également là qu'elles paraissent être les plus nombreuses. Dans la région spongieuse, le corps glandulaire vient faire saillie dans le tissu érectile, où il se trouve en contact indirect avec le sang. Pendant l'érection, il doit donc être comprimé, considération importante (1) si l'on songe que l'abondante sécrétion de ces glandes accompagne toujours l'érection. Par conséquent, et d'une façon générale, le corps des glandes de Littre est toujours périphérique à l'urètre et il n'y a pas de véritables glandes dans l'épaisseur de la muqueuse, comme le croyait Henle (sauf peut-être les follicules). Le conduit excréteur des glandes de Littre traverse seul la muqueuse urétrale. Il suit un trajet un peu variable

(1) QUÉNU, *Dict. encycl. des Sciences méd.* (Article : *Urètre*).

suivant les régions. Néanmoins, sur le plus grand nombre des coupes de l'urètre, on peut constater qu'il offre la disposition suivante. Certains de ces conduits traversent perpendiculairement, ou à peu près, la muqueuse des voies urinaires pour venir s'ouvrir dans l'urètre. Ce sont de beaucoup les moins nombreux et ils répondent toujours à de fort petites glandes, surtout à celles des parties postérieures du canal. Grâce à ce caractère, on pourrait presque reconnaître sur quelle région de l'urètre aura porté la coupe examinée. Mais ceci n'a rien d'absolu. La lumière du conduit est virtuelle, chose qui n'a rien de surprenant si l'on songe à l'étonnante élasticité de la muqueuse urétrale dans laquelle il chemine. Ils n'auraient donc pas besoin d'un autre moyen d'occlusion. Leur exiguïté même les rend d'ailleurs presque infranchissables. Les autres conduits excréteurs sont obliques et d'autant plus longs et plus obliques que l'on considère une glande plus grosse ou plus rapprochée du méat. Ils deviennent donc presque parallèles aux faces de la muqueuse urétrale dans une longue partie de leur trajet (1). Leur longueur varie depuis quelques millimètres jusqu'à deux ou trois centimètres; exceptionnellement ils peuvent être plus longs. Généralement ils sont rectilignes, généralement aussi ils ne présentent pas de bifurcation sur leur trajet. Quelquefois cependant lorsqu'on est arrivé à pratiquer le cathétérisme d'un de ces conduits et à le fendre dans toute sa longueur, on n'est point rendu sur le corps glandulaire. En effet,

(1) SAPPEY, *Traité d'anatomie*, tome IV.

de ce point qui paraissait être terminal, part un nombre variable, le plus souvent deux ou trois, de canaux plus petits qui aboutissent à autant de glandes distinctes. Mais, nous l'avons dit, il s'agit ici d'une exception que nous croyons au moins rare.

Le cathétérisme de ces conduits est en général facile au moyen d'une soie de sanglier que l'on conduit avec une extrême prudence, car il ne faut pas oublier que sur les urètres, conservés quelque temps, on peut créer une fausse route qui en imposera pour un véritable conduit glandulaire. Il suffit, en général, de songer à la possibilité de cet accident pour l'éviter.

Mais, pour pratiquer le cathétérisme de ces conduits, il faut avoir découvert leur orifice urétral. Celui-ci est ordinairement au moins très difficile à déceler. Les inflammations urétrales, l'inflammation du conduit glandulaire lui-même, rend les bords de son orifice beaucoup plus apparents. Ce qui revient à dire qu'il faut surtout les chercher sur des urètres de sujets adultes. Une même glande a-t-elle plusieurs conduits excréteurs? Bien que la pluralité des conduits excréteurs d'une même glande de Littre soit généralement admise, nous n'avons point constaté ce fait. Et nous inclinerions à croire que les conduits excréteurs multiples pour une même glande sont une disposition peu fréquente sinon rare, plus rare encore que la pluralité des glandes venant s'ouvrir dans un conduit unique.

D'autant plus large que l'on considère un point plus rapproché de leur extrémité terminale, ces conduits présentent au niveau de leur orifice une disposition spéciale, bien connue ressemblant à une sorte de valvule. Cet aspect valvulaire de l'orifice tient à un dédoublement de la muqueuse urétrale, derme et épithélium, qui est pour ainsi dire coupée obliquement par la terminaison du canal glandulaire. Cette disposition est surtout accusée et fréquente dans la région spongieuse et à sa paroi supérieure. Le plus volumineux de ces replis valvulaires, qui est aussi le plus antérieur, a été décrit comme une simple valvule par Guérin. On est d'accord aujourd'hui pour admettre qu'il s'agit là d'un orifice glandulaire (Robin-Verneuil, Sappey). On rencontre en effet toujours au fond du sinus de Guérin au moins une grosse glande de Littre. L'importance de ces orifices valvulaires et l'obstacle qu'ils peuvent apporter au cathétérisme ont été notablement exagérés. En revanche, on a souvent négligé d'étudier les processus pathologiques qui peuvent s'y localiser échappant souvent au traitement qui n'est pas directement dirigé contre eux (1).

L'occlusion de ces canaux excréteurs et de leur orifice urétral se fait par un double mécanisme. Tout d'abord par le trajet oblique en avant que suit le canal excréteur a travers la muqueuse des voies urinaires ; ensuite par la disposition valvulaire de l'orifice déjà signalée. La dilatation de l'urètre tendra donc à fermer d'une façon active la lumière déjà virtuelle du conduit glandulaire. Elle appliquera plus intimement l'une sur l'autre les deux lèvres de l'orifice et le passage de l'urine d'arrière en avant viendra encore parfaire cette

(1) M. Retterer (*Journal de l'Anat. et de la Phys.* 1892), considère le sinus de Guérin comme le vestige d'une disposition embryonnaire de l'urètre balanique.

application. Ainsi à l'état normal, l'occlusion de ces canaux est parfaite et cela d'autant plus que l'urètre est plus dilaté. Mais à l'état pathologique, lorsque l'urètre a perdu son élasticité, lorsque le conduit chroniquement enflammé présente un orifice béant, il n'est pas impossible que l'urine y pénètre et y détermine des troubles dont nous parlerons plus tard.

Les conduits excréteurs des glandes de Littre présentent parfois des anomalies de siège et d'abouchement. Ces anomalies ont toujours été signalées vers l'extrémité libre de la verge et le gland. Odmansson (1), qui en fit une description générale, en rapportant les cas publiés jusqu'à lui, dit que ces conduits anormaux viennent s'ouvrir au voisinage de la commissure postérieure de l'urètre, au bord même des lèvres de l'orifice, parfois un peu en avant et en dehors de ce bord. L'analogie de ces orifices avec les sinus périurétraux de la femme, mérite d'être signalée. Situés dans la paroi de l'urètre, ces canaux sont en général très étroits; mais ils peuvent avoir un centimètre et plus de longueur. Il en est d'autres (il en cite six cas) qui viennent s'ouvrir près du frein. Fréquemment atteints de blennorragie, ces conduits anormaux ne sont le plus souvent découverts que grâce à cette circonstance pathologique. Ils sont le point de départ d'écoulements rebelles, dont l'origine et le traitement furent longtemps méconnus parce que l'on ignorait cette disposition anatomique (2). La cautérisation seule du

(1) ODMANSSON, *Nord-Médic. Arch. I.* Stockolm 1885.
(2) R. JAMIN, *Ann. des mal. des org. G. U.* 1885.

conduit est même souvent insuffisante, car au fond le corps glandulaire est infecté.

Odmansson a rencontré plusieurs conduits ainsi disposés chez des sujets indemnes de blennorragie.

Quand ils sont enflammés, le cathétérisme conduit sur un noyau induré siégeant plus ou moins haut sur la verge. Il s'agit très certainement du corps glandulaire dont ils dépendent. Fabry cite le cas d'un confrère (1) qui avait eu, quinze années auparavant, une blennorragie, laquelle avait guéri en l'espace de quelques semaines, sans jamais récidiver. Chez ce confrère, on constatait entre les deux feuillets du prépuce une petite tumeur du volume d'une lentille, très facile à déplacer. En pressant sur cette petite tumeur, on faisait sourdre à travers un orifice très fin une quantité très minime de liquide contenant des gonocoques. Pas de traces d'écoulement urétral; l'urine était absolument normale. La petite tumeur fut excisée. L'examen histologique fournit la preuve qu'il s'agissait d'une véritable glande constituée par un canal excréteur principal, tapissé par plusieurs couches de cellules épithéliales plates et qui se continuait par plusieurs petits canaux munis d'une seule couche d'épithélium cylindrique. Les cellules épithéliales plates et quelques corpuscules lymphatiques interposés à ces cellules logeaient des gonocoques.

Il nous serait facile de citer plusieurs autres cas analogues. Mais celui-ci nous a paru particulièrement

(1) FABRY, *Sur la gonnorrhée des conduits para-urétraux et préputiaux.* (*Monatshefte für prakt. Dermatologie*, analysé *in Gaz. méd. de Paris.* N° du 5 décembre 1891.)

explicite à tous points de vue, et c'est pourquoi nous l'avons rapporté tout au long. Englisch (1) dit que ces canaux parallèles à l'urètre lui paraissent être des lacunes de Morgagni de dimensions exagérées, ce qui revient à l'opinion des auteurs cités plus haut et à la nôtre (2).

De ces abouchements anormaux de certains conduits excréteurs des glandes de Littre, nous croyons pouvoir rapprocher les exemples nombreux de canal dorsal de la verge que Klebs considère comme des épispadias guéris. La grande majorité des auteurs, avec Lùschka qui, le premier, s'attacha à l'étude de cette question, reconnaissent qu'il s'agit le plus souvent du canal excréteur d'une glande. La constatation du corps glandulaire auquel aboutit ce canal dorsal de la verge suffit au besoin pour trancher la question. Mais ce que l'on admet d'une façon aussi unanime, c'est qu'il s'agit là du conduit excréteur d'un lobe prostatique aberrant, et ce qui est venu peut-être accréditer cette idée, c'est que dans quelques cas où cette disposition existait, la prostate était resté rudimentaire. A l'encontre de Lùschka (3), de Verneuil, de Lejars, il nous paraît qu'il s'agit au contraire de l'abouchement d'une glande de Littre sur la face dorsale de la verge. Reprenons

(1) Englisch, *Sur la duplicité du canal de l'urètre et les fistules péniennes (congénitales. Wiener med. Presse.* 1888. Analysé *in Ann. des mal. des org.* G. U. 1888.)

(2) Cesare Taruffi, *Sur les canaux anormaux de la verge. (Bull. delle scienze mediche di Bologna*, mai 1891. Analysé *in Ann. des mal. des org.* G. U. nov. 1891.

(3) Luschka, *Das vordere Mittelstück der Prostate*, etc. (Virchows Archiv., décembre 1865).

Verneuil, *Ectopie congénitale partielle de la Prostate. (Arch. de Médec.*, 1866, tome VII.)

l'observation de Lüschka; il y est dit: Après avoir fendu longitudinalement le canal fistuleux on découvrait à son origine quatre pores admettant une fine soie de sanglier, qui s'enfonçaient encore à une certaine profondeur. D'ailleurs, une dissection attentive montra que l'appareil séminal tout entier était conformé d'une manière tout à fait normale. Les pores en question étaient les orifices des conduits excréteurs d'une glande reposant immédiatement sur l'albuginée de la face dorsale du corps caverneux, à deux centimètres de l'angle formé par la réunion de ses deux racines. La glande ovalaire du volume d'un haricot mesure six millimètres dans sa plus grande largeur. Elle s'amincit en avant pour se continuer avec quatre conduits solidement réunis ensemble, longs de un centimètre et qui s'ouvrent dans la fistule par les pores déjà décrits. Quelques pressions sur le corps de la glande font sortir, par ces parties, un liquide filant où l'acide acétique forme un caillot. Les cas analogues ne sont pas très rares puisque Englisch a pu en réunir sept. Le canal dorsal de la verge va aboutir à une glande située sous la symphyse pubienne, et son orifice n'est jamais placé plus bas que la couronne du gland.

Les caractères mêmes du conduit excréteur, son siège, la glande à laquelle il aboutit, le produit de sécrétion qui est clair et filant, coagulable par l'acide acétique, tous caractères qui sont d'ailleurs rapportés dans plusieurs autres observations, nous permettent dès maintenant de dire qu'il s'agit d'une glande à mucus. La prostate ne sécrète pas un liquide filant que coagule l'acide acétique. La prostate présente des rapports différents avec l'urètre. Les conduits excréteurs ont un aspect spécial. Nous aurons l'occasion de développer plus loin ces différentes considérations. Il ne faut pas d'ailleurs confondre le canal dorsal de la verge avec ce que l'on a appelé l'urètre double. Un fait remarquable qui n'a point échappé à ceux qui ont étudié la question, c'est que ces glandes et ces canaux anormaux coïncident avec d'autres malformations congénitales.

Souvent on a noté un méat particulièrement large, souvent aussi l'hypospadias balanique plus ou moins accusé. Dans un cas rapporté par M. Reliquet, le méat avait la forme d'un T renversé (1). Cette difformité a plusieurs fois été rencontrée et signalée par R. Jamin. Si l'existence de ces conduits glandulaires anormaux est aujourd'hui bien prouvée, si leur pathologie commence à être connue, en revanche leur mécanisme de formation reste encore obscur. Étant donné qu'ils coïncident avec des malformations congénitales du méat, c'est à l'embryologie d'éclairer la question.

Les glandes de Méry ont des caractères bien connus sur lesquels nous ne reviendrons point. « Ces glandes sont placées et au-dessus de l'extrémité du bulbe et au-dessous de la portion membraneuse de l'urètre. De leur face antéro-inférieure partent leurs conduits excréteurs. Les deux conduits indépendants se dirigent en avant, traversent obliquement les couches externes de l'urètre, puis arrivent sous la muqueuse du canal et vont parallèlement en avant pour s'ouvrir sur la face inférieure

(1) RELIQUET, *Fistules urétrales non urinaires*. (*Gazette des Hôpitaux*, novembre et décembre 1884, janvier 1885.)

de la cavité du bulbe, à des niveaux différents, mais presque toujours à deux centimètres en avant de l'orifice du collet du bulbe (1) ». Les orifices de ces conduits excréteurs, presque toujours indépendants, sont très petits, impossible à voir sur la muqueuse. Cette disposition est, on le voit, absolument analogue à celle des conduits des glandes de Littre. Il en résulte, comme le fait remarquer M. Reliquet, que les sécrétions de ces glandes ne sauraient s'écouler dans l'urètre quand celui-ci est distendu par l'urine. Il faut de plus pour expulser la sécrétion de ces glandes une contraction des muscles dont les fibres entourent et compriment les culs-de-sac glandulaires.

Gubler (2) a décrit à côté des glandes bulbo-urétrales proprement dites quelques petites glandes qu'il nomme « glandes bulbo-urétrales accessoires », mais qui ne nous paraissent pas devoir être différenciées des glandes de Littre de la région.

Signalons enfin les follicules, petites dépressions de la muqueuse que l'on trouve sur toute la longueur de l'urètre. D'après Robin et Cadiat, l'utérus mâle contiendrait seulement des follicules, analogues aux dépressions alvéolaires des canaux éjaculateurs et déférents. Ils occupent l'épaisseur même du derme muqueux dont ils ne dépassent jamais la face profonde.

L'urètre de la femme est presque aussi riche en glandes que l'urètre de l'homme. Cependant ces glandes sont petites, peu développées, ce qui a fait admettre

(1) Reliquet, *loco citato*.
(2) Gubler, *Thèse de doctorat*. Paris, 1849.

par quelques-uns qu'elles étaient restées rudimentaires. Au pourtour du méat, en revanche, on trouve un groupe de glandes volumineuses, connu et décrit depuis fort longtemps. Considérées comme le représentant des glandes prostatiques chez la femme, ces glandes reçurent de de Graff (1) le nom de prostate féminine. Cette opinion, jadis adoptée par la majorité des anatomistes, est aujourd'hui discréditée (2). On tend à rapprocher ces glandes des glandes de Littre de la région postérieure de l'urètre masculin et cette hypothèse est celle qui nous paraît la plus plausible. De plus, de chaque côté du méat et près des lèvres de celui-ci, on trouve des orifices qu'Huguier appelait « Follicules urétraux ». Les plus grands peuvent admettre une sonde fine sur une longueur de deux centimètres environ. Beaucoup d'autres sont plus petits. Le diamètre maximum de ces orifices ne dépasse guère un millimètre. Le canal qui leur fait suite ressemble absolument au canal excréteur d'une glande urétrale. En effet, nous sommes de ceux qui pensent que ce sont les orifices de canaux excréteurs glandulaires. Ils sont, comme leurs homologues chez l'homme, le siège d'inflammations diverses et deviennent alors aussi beaucoup plus manifestes. Le nombre de ces orifices est en général assez restreint. Schüller (3) en compte trois principaux. Debierre n'en admet qu'un ou deux. Ils seraient visibles dès la jeunesse et ils augmenteraient de dimensions avec l'âge pour s'atrophier quelque peu à la ménopause (Schüller).

(1) XVIIIe siècle.
(2) CH. ROBIN, *Dict. encycl. des sc. méd.* (article : *muqueux*).
(3) SCHÜLLER, *Virch. Archiv.*, XCIV, 1883.

Pour Robin et Cadiat, et c'est là l'opinion générale, ces follicules sont de simples dépressions de la muqueuse sans aucune connexion avec des conduits glandulaires. On les a aussi considérés comme représentant les canaux de Gartner (vestige du canal de Wolff de l'embryon. — Kochs-Debierre). Schüller, par l'étude de leur développement a montré qu'il n'en est rien. Tous ces follicules, nous l'avons dit, paraissent aboutir à des canaux et ceux-ci à des corps glandulaires placés plus ou moins haut le long des parois de l'urètre.

La glande de Bartholin, analogue à celle de Méry (de Sinety), ne nous arrêtera pas; rappelons seulement la glande clitoridienne (1) que l'on a comparée à celle qui vient s'ouvrir chez l'homme au fond du sinus de Guérin. Mieux vaudrait la comparer à ces glandes anormales qui viennent s'ouvrir aux bords du méat chez l'homme, dans les follicules périurétraux chez la femme. L'orifice de son canal excréteur occupe la partie inférieure du gland du clitoris.

L'urètre féminin présente aussi très fréquemment des diverticules. A. Routh (2) en a signalé un certain nombre de cas à la Société obstétricale de Londres. Ces diverticules venant s'ouvrir vers le tiers moyen du conduit seraient, selon lui, la conséquence de kystes glandulaires. Dans un de ces diverticules, Braxton Hicks a trouvé des calculs. Hermann et Hanfield Jones croient, comme les précédents, qu'il s'agit de conduits glandulaires pathologiquement dilatés.

(1) WERTHEIMER, *Journal de l'Anat. et de la Physiol.* 1885.

(2) *Lond. Obstetric. Soc.* Février 1890. (Analysé *in Revue d'Hayem* — 1890).

Les caractères macroscopiques de la plupart des glandes annexées à l'urètre, caractères que nous venons rapidement de passer en revue, nous permettent d'ores et déjà de dire :

L'urètre présente sur toute sa longueur des orifices glandulaires, normalement dans les régions prostatique, membraneuse et spongieuse, anormalement dans la région balanique.

Ce sont les orifices de glandes, et bien que variables dans leurs dimensions et leur point d'abouchement, ils appartiennent tous à des glandes de Littre ou plus justement à des *glandes à mucus*, terme plus général sous lequel nous proposerons de les désigner tout à l'heure.

Les conduits anormaux de l'urètre (chez l'homme et chez la femme) appartiennent le plus souvent à une glande de cette catégorie.

L'urètre de la femme ne renferme que des glandes à mucus.

Nous avons volontairement omis de parler de la prostate dont nous allons faire maintenant notre sujet d'études.

III

Anatomie macroscopique de la prostate. — Ses canaux excréteurs. — Classification des glandes urétrales en « muqueuses » « sous-muqueuses » ou « intra-musculaires » et en « sous-musculaires ».

La prostate est un amas de vingt-cinq à trente glandes, disposées en douze ou quinze lobules que sépare et isole un tissu conjonctif très dense dont la distribution a été particulièrement étudiée par Launois. Chaque lobule est, par conséquent, formé lui-même d'un certain nombre de glandes plongées dans un tissu spécial dont nous donnerons plus loin les caractères. Le corps glandulaire n'est pas, à proprement parler, au milieu du système musculaire qui entoure (1) circulairement l'origine de l'urètre. Il n'est pas contenu dans l'orbiculaire urétral, mais au contraire immédiatement en dehors de celui-ci. La confusion est d'ailleurs plutôt dans les mots que dans les idées; car il faut voir. dans ce que l'on décrit sous le terme général de prostate, deux choses absolument distinctes :

1° Du tissu musculaire lisse formant à l'urètre un anneau complet et fermant par sa tonicité seule l'orifice vésical (2).

Du tissu musculaire strié formant au canal un second anneau contractile : en un mot, les sphincters.

2° Des glandes plongées dans une trame musculaire spéciale en tout comparable à la trame musculaire qui entoure les vésicules séminales et présentant avec celle-ci une analogie frappante. Cette distinction, cette différence entre les deux systèmes musculaires de la prostate, souvent difficile à faire sur une coupe (3), est néanmoins appréciable et la physiologie vient encore apporter des arguments favorables à cette conception. Ces rapports spéciaux des corps glandulaires prostatiques avec les muscles et l'urètre permettent déjà de

(1) GRIFFITHS, *Observ of the anatomy of the prostate*, *Journal of Anat. and Physiol.* 1889, Vol. XIII. (Analysé *in rev. Hayem.* 1890.)

(2) V. PILLET, *Structure du muscle vésical.* (*Journal de Ch. Robin*, 1893.)

(3) MIQUET, *Thèse de doctorat*. Paris, 1894.

les différencier des glandes à mucus. Mais l'on pourrait objecter que sur des coupes de prostates (particulièrement prises sur des sujets adultes), on voit des glandes plongées au milieu des sphincters et ayant, par conséquent, avec ceux-ci des rapports indéniables de contiguïté. Ces glandes sont des glandes à mucus, comme il est facile de s'en convaincre ; ce ne sont point des glandes prostatiques. C'est ce que nous avons décrit plus haut sous le nom de glandes de Littre de la région prostatique de l'urètre. Il résulte de cette situation périphérique des corps glandulaires que leurs conduits excréteurs auront à traverser les sphincters pour venir s'ouvrir dans l'urètre.

Les glandes prostatiques n'occupent que les parties postérieures et latérales du canal. Sur la partie antérieure, on ne trouve que des glandes à mucus. L'existence d'un lobe prostatique antérieur est donc purement hypothétique.

En tirant parti des rapports des différentes glandes urétrales avec les tissus périurétraux, on pourrait établir une classification qui correspond également à une autre classification tirée des caractères histologiques de ces organes. On pourrait dire : l'urètre contient trois sortes de glandes :

1° Des *glandes muqueuses* ou follicules ;

2° Des glandes *sous-muqueuses*. Dans ce groupe, on trouve les glandes à mucus et les glandes de Méry. Ce sont également des glandes intra-musculaires, puisque leurs acini sont entourés par le système musculaire périurétral. La glande de Méry qui semble, au premier abord, devoir être mise à part, doit, au contraire, rentrer dans cette catégorie. Ses acini, bien qu'entourés de fibres striées, sont compris dans un muscle qui est une dépendance immédiate de l'urètre sur lequel il agit activement ;

3° Des glandes *sous-musculaires*. Ce sont les glandes prostatiques. Leur situation justifie le terme employé pour les désigner.

Les canaux excréteurs viennent s'ouvrir dans la région prostatique de l'urètre. « Les plus importants, dit Sappey *(loco citato)*, s'abouchent dans les gouttières que l'on remarque sur la paroi inférieure de l'urètre. Plusieurs convergent quelquefois vers un même point et se terminent au fond d'une fossette semblable à un petit crible. C'est sur le pourtour de la crête urétrale que siègent ces fossettes cribliformes. Mais, pour bien les distinguer, il faut les examiner aux rayons du soleil à l'aide d'une loupe, après avoir dépouillé la muqueuse de son épithélium. »

Si nous suivons le canal excréteur de la glande à l'urètre, on remarque que, comparativement au volume de la glande qu'il dessert, il est toujours énorme. De plus, il est toujours irrégulièrement bosselé. L'orifice urétral très petit est taillé obliquement en bec de flûte. C'est-à-dire que le canal sensiblement rectiligne jusqu'au point où il aborde la face adhérente de la muqueuse, la pénètre en s'infléchissant de manière à former un angle obtus, ouvert vers le méat. Il y a donc, sur une longueur très restreinte d'ailleurs, une certaine analogie entre le mode d'abouchement des canaux prostatiques et des canaux des glandes à mucus dans les voies urinaires. Cette disposition oblique et quasi-valvulaire de l'orifice devient très apparente quand le conduit glandulaire est dilaté par des calculs (Sappey).

IV

Anatomie microscopique de la prostate. — Schéma du lobule prostatique. — Glandes à mucus. — Classification histologique des glandes de l'urètre.

Les glandes à mucus de l'urètre présentent les caractères généraux de toutes les glandes analogues, annexées aux muqueuses de l'organisme (œsophage, trachée, etc.). Cependant elles ont, en outre, quelques caractères spéciaux qui permettent aux histologistes de les différencier et de les reconnaître (1). Outre la disposition tout à fait spéciale du conduit excréteur, déjà signalée, les acini glandulaires viennent s'y aboucher à des intervalles inégaux. En sorte qu'au lieu de se grouper pour constituer une glande en grappe composée, ils restent assez indépendants et distincts pour que chaque glande simule dans son ensemble un amas de glandules en grappe simple. Cette disposition est si apparente que Robin et Cadiat ont décrit les glandes à mucus de l'urètre des deux sexes comme des glandes en grappe simple.

Dans la prostate, l'isolement des acini est encore plus manifeste et plus frappant que partout ailleurs. Rappelons de plus la disproportion exagérée entre le volume des culs-de-sac et celui des canaux excréteurs et nous comprendrons que l'on ait pu comparer la prostate

(1) Chrétien, *Dict. encycl. des sc. médic.* (article : *glande*).

(en activité) à la glande mammaire (au repos). Les dimensions considérables du conduit excréteur pourraient s'expliquer par ce fait que les phénomènes sécrétoires ne se limitent peut-être pas à l'acinus (Chrétien) (1). On devrait donc l'appeler conduit sécréteur, en réservant le nom de conduit excréteur à sa partie tout à fait terminale.

Chez les jeunes sujets, la forme de l'acinus est irrégulière et allongée. C'est en un mot un tube court et flexueux. Sa longueur égale deux, trois, quatre fois sa largeur; son diamètre est d'environ un demi-millimètre. Chez l'adulte et surtout le vieillard, les culs-de-sac se remplissent de sympexions qui modifient considérablement leur forme primitive.

Cette étude nous paraît devoir être faite sur des pièces très fraîches. En outre, il nous a semblé que l'aspect bosselé du conduit excréteur tenait à ce que la coupe ne pouvait pour ainsi dire jamais l'intéresser sur toute sa longueur parallèlement à son axe. Il serait non pas bosselé, mais flexueux dans tous les sens, conservant cependant d'une façon générale le trajet d'un rayon partant de l'urètre comme centre.

L'ensemble de chaque glande prostatique et chacun des culs-de-sac dont nous venons de schématiser les caractères extérieurs, se trouvent en rapport avec une couche épaisse de tissu musculaire lisse. Les fibres ne forment pas de plan bien distinct. Elles paraissent enchevêtrées. C'est dans cette même couche que cheminent les vaisseaux sanguins très nombreux de l'organe.

(1) Chrétien, *loco citato*.

Chaque acinus considéré à part présente à étudier une paroi et un contenu. La paroi est formée par une membrane propre, offrant un aspect fibrillaire. Elle est mince, peu résistante, très adhérente au tissu ambiant, ce qui explique que Griffiths (1) en nie l'existence. Cependant l'épithélium glandulaire ne repose manifestement pas sur le tissu prostatique. Cette membrane propre qui revêt également le conduit excréteur se continue au niveau de l'orifice urétral avec le basement membrane de la muqueuse des voies urinaires. La paroi externe de l'acinus se trouve en rapport avec de très nombreux lymphatiques. Sappey, qui les a particulièrement étudiés, en 1854, a reconnu qu'ils ne forment point des lacunes où viennent baigner les acini glandulaires. Ils constituent, au contraire, par leurs anastomoses un réseau extrêmement riche. Ils restent séparés de l'épithélium glandulaire par la membrane propre, doublée d'éléments conjonctifs et de fibres musculaires lisses.

L'épithélium qui remplit les culs-de-sac a été bien décrit par Langerhans (2) auquel nous empruntons ce qui va suivre. Chrétien admet que la description que Langerhans a faite pour la prostate seule doit être appliquée à toutes les glandes urétrales; nous ne le pensons pas. Il y a dans les culs-de-sac prostatiques deux sortes de cellules. Les unes sont volumineuses et prismatiques. Leur extrémité basale regarde la cavité acineuse, leur sommet effilé vient se mettre au contact

(1) GRIFFITHS, *loco citato.*
(2) LANGERHANS, *Ulber die access. Drüsen der Geschlechtsorgane.* (*Arch. für Anat. und Pathol.* Bd. LXI.) (Analysé *in Rev. Hayem*, 1875).

de la membrane propre. Ces cellules, régulières dans leur forme, contiennent un protoplasma clair, réfringeant, parsemé de nombreuses granulations d'un brun jaunâtre; le noyau est arrondi; on n'y voit pas de nucléole. Entre les pieds effilés de ces grandes cellules, on en voit d'autres plus petites, arrondies et en réalité sur le même plan que les premières, mais que leur hauteur moindre fait paraître sous-jacentes. Ces dernières ont un noyau volumineux, ovoïde, entouré d'une fort petite quantité de protoplasma. En faisant agir le picrocarmin, tandis que les grands éléments cellulaires restent presque incolores, les petits, au contraire, se colorent vivement, si bien qu'on les distingue alors avec une grande facilité. Si l'on vient à ajouter à la préparation une goutte d'acide acétique, on voit apparaître dans le protoplasma des grandes cellules de nombreuses granulations qui paraissent être des granulations graisseuses. Ces mêmes cellules, petites et grandes, se retrouvent plus ou moins haut dans le canal excréteur, ce qui justifie l'hypothèse déjà énoncée de Chrétien et la dénomination de canal sécréteur. Peu à peu elles font place à une seule couche de cellules cylindriques. Ces cellules cylindriques sont, d'après Launois (1), munies d'un plateau qui serait lui-même porteur de cils vibratiles dans les plus gros canaux excréteurs (Robin).

Quand les acini ont été distendus par des concrétions, l'épithélium perd ses caractères distinctifs et devient pavimenteux stratifié (Kœlliker) (2). Les fibres

(1) Launois, *Appareil urinaire des vieillards*, thèse, Paris 1885.
(2) Frey, *Traité d'histologie*. (Traduction française.)

musculaires lisses, qui entourent les canaux excréteurs sont disposées longitudinalement et se continuent sans ligne de démarcation aucune avec la couche musculaire plexiforme qui enveloppe l'acinus. L'existence de ce plan musculaire distinct est d'une constatation difficile.

Le tissu conjonctif de la glande forme un noyau périphérique à l'urètre ayant l'aspect d'un croissant dont la concavité antérieure embrasse la périphérie du canal. De sa convexité partent des cloisons divergentes affectant une disposition rayonnée et allant, pour quelques auteurs, se terminer à la face profonde de la capsule. Outre que cette capsule ne saurait être isolée, la terminaison de ces travées semble se faire insensiblement, de sorte que les lobules prostatiques qu'elles délimitent, très distincts vers le centre, deviennent confus près de la surface de la glande.

Chaque lobule, considéré d'une façon tout à fait schématique, aura la forme d'une pyramide à sommet urétral dont l'axe est perpendiculaire à la surface muqueuse du conduit. Sur une coupe passant par sa partie basale et perpendiculaire à l'axe de la pyramide on voit :

Au centre, la coupe des corps glandulaires entourés du tissu musculaire où rampent les vaisseaux sanguins et lymphatiques, les nerfs et du tissu conjonctif abondant unissant tous ces organes ; à la périphérie, les cloisons qui séparent le lobule prostatique des lobules voisins. Si l'on considère une coupe plus rapprochée du sommet du lobule, l'axe est alors représenté par un ou plusieurs conduits sécréteurs et enfin excréteurs.

La prostate présente chez l'enfant la même disposition générale que chez l'adulte. La description précédente s'applique donc à peu près à tous les âges. Toutefois, chez l'enfant, il existe une différence manifeste dans la partie protoplasmique située au-dessus du noyau des grandes cellules qui tapissent les culs-de-sac prostatiques. Non seulement, chez l'adulte, cette partie est trois ou quatre fois plus élevée que chez l'enfant, mais encore le protoplasma ne paraît pas être le même. La transformation se fait vers l'âge de seize ans. (Langerhans, *loco citato.*)

Chez le vieillard, les glandes sont dilatées, l'épithélium a perdu ses caractères distinctifs, le tissu musculaire périacineux et périglandulaire est remplacé en partie par du tissu conjonctif. Les vaisseaux, particulièrement les veines, ont acquis un volume énorme et leurs parois sont parfois malades. Nous n'insisterons pas davantage.

Les glandes à mucus ont, elles aussi, une membrane propre et un épithélium spécial. La membrane propre, anhiste et mince, se confond également avec le basement membrane de la muqueuse urétrale. Dans les culs-de-sac, les noyaux cellulaires seuls se colorent par le picrocarmin et on voit alors qu'ils occupent la partie de la cellule contiguë à la paroi propre. Ces mêmes caractères se retrouvent dans les acini de la glande clitoridienne des glandes de Bartholin et de Méry. Chrétien décrit à l'épithélium de la glande de Méry une forme cubique ; mais il ne généralise point cette disposition aux autres glandes urétrales. De plus, les acini seraient entourés de fibres musculaires lisses d'après Kœlliker (1). Le protoplasma cellulaire est clair, vitreux et présente l'aspect de la substance muqueuse; l'acide acétique le trouble, puis l'opacifie : c'est en un mot de l'épithélium caliciforme (Cornil et Ranvier). Dans les canaux excreteurs, l'épithélium devient cylindrique et près de l'orifice du conduit il se confond insensiblement avec l'épithélium urétral. Quand une glande s'ouvre au fond d'un sinus, celui-ci est tapissé par l'épithélium de l'urètre.

Les follicules renferment un épithélium semblable à celui de l'urètre jusqu'à la moitié de leur profondeur (Robin et Cadiat). On trouve ensuite une ou deux rangées de noyaux ou de cellules polyédriques. Ces cellules à gros noyaux, dont le protoplasma est rare, ressemblent aux petites cellules signalées plus haut dans les acini prostatiques. Les follicules renferment souvent des sympexions colorés.

Les caractères histologiques des glandes urétrales permettent également d'établir une classification que nous mettons en parallèle avec la précédente :

1° *Follicules* ou glandes muqueuses;

2° *Glandes à mucus* ou sous-muqueuses ou intramusculaires, glandes de Littre, de Méry, de l'urètre féminin, etc.;

3° *Prostate* ou glandes sous-musculaires.

(1) Kœlliker, cité par Frey.

V

Physiologie des glandes urétrales. — Sécrétions. — Excrétions. — Physiologie pathologique de la stagnation du suc prostatique. — Importance de cette conception.

Les auteurs ne sont pas absolument d'accord sur les caractères physiques du liquide sécrété par la prostate. Pour Béclard il serait transparent et filant comme celui des glandes de Cowper. Cette opinion est justement tombée dans l'oubli. Le liquide prostatique est, au contraire, laiteux et non filant à l'état normal. Parfois, cependant, il contient de petites masses hyalines de substance visqueuse. On y trouve en outre de la graisse en émulsion qui lui donne son aspect spécial. En revanche, les éléments épithéliaux y sont fort rares (1). Les petites masses hyalines que renferme le liquide prostatique ressemblent à celles que sécrétent les vésicules séminales (2). L'iode les colore en jaune, la fuchsine en rouge intense. L'acide acétique les gonfle et les dissout. Ce n'est donc point de la mucine.

Les glandes à mucus sécrétent, au contraire, un liquide clair, filant et visqueux. Bien que Robin (3) affirme que la sécrétion des glandes de Méry ne doit pas être confondue avec le mucus, elle se trouve présenter sensiblement les mêmes caractères. C'est un liquide hyalin, dit-il, extrêmement filant, visqueux, s'étirant comme du verre fondu.

(1) Ch. Robin, *Dict. Encycl. des Sc. méd.* (article : *sperme*).

(2) Beaunis et Bouchard, *Anatomie descriptive* (article : *prostate*).

(3) Ch. Robin, *Leçons sur les humeurs normales et morbides du corps de l'homme*.

Le mécanisme intime de la sécrétion des glandes urétrales est très obscur. Ce n'est point là un fait particulier. Les deux ordres de cellules participent-ils également à la formation du suc prostatique? Il y a-t-il destruction des cellules ou simple rejet de substances formées dans leur protoplasma? Cette dernière hypothèse est la plus vraisemblable, étant donnée la rareté des éléments cellulaires dans le suc prostatique. La sécrétion prostatique est un fait continu, car l'on trouve toujours une certaine quantité de liquide dans les canaux de la glande. L'excrétion, au contraire, est un phénomène intermittent ne se produisant à l'état physiologique qu'au moment même de l'éjaculation. Ce phénomène intermittent est régi par l'influence nerveuse qui préside à la contraction des voies séminales tout entières. Chez le cobaye, un nerf spécial que Rémy (1) nomme nerf éjaculateur, préside à la contraction des vésicules séminales. Il est la voie centrifuge du reflexe parti des organes sensoriels du gland. Et si nous assimilons ici la vésicule séminale à la prostate, c'est que nous allons plus loin rappeler les analogies de ces deux organes.

Les produits sécrétés ne sauraient s'écouler d'une façon continue dans l'urètre, parce que la lumière du conduit excréteur glandulaire se trouve continuellement oblitérée activement :

1° Par l'élasticité du tissu conjonctif et élastique (centre fibreux de la prostate, muqueuse urétrale) qu'il est obligé de traverser; 2° Par la tonicité des fibres de

(1) Rémy, *Société de Biologie*, juillet 1885, et *Journal de l'Anatomie et de la Physiologie*, 1886.

l'orbiculaire urétral entre lesquelles il s'engage avant d'aborder la face adhérente de la muqueuse urétrale. C'est là, d'ailleurs, son mode important d'occlusion. Il faut donc, pour que le suc prostatique soit déversé dans l'urètre que la résistance de ces obstacles soit inférieure à la force qui tente de les violenter. Cette force est produite par la contraction du tissu musculaire propre de la prostate, par la contraction des fibres péri-canaliculaires. En un mot, par la contraction de tous les éléments intrinsèques de l'organe agissant synergiquement avec l'appareil expulseur extrinsèque représenté par la paroi abdominale et le plancher pelvien.

La stagnation des produits de sécrétion dans les culs-de-sac et les canaux peut, en conséquence, résulter de deux phénomènes différents : soit de l'atrophie plus ou moins complète de la trame contractile prostatique, atrophie qui peut succéder à un état pathologique de l'organe, ou, comme nous l'avons vu, survenir à un âge avancé (sclérose). La force est alors inférieure à l'obstacle qu'elle doit vaincre; Les culs-de-sac et les canaux se dilatent, il s'y forme des calculs, l'épithéelium se transforme. Cet état se rencontre fréquemment chez le vieillard. Soit encore de la contraction permanente, du spasme des sphincters. Le canal excréteur spasmodiquement fermé se laissera peu à peu distendre en arrière de l'obstacle; et si celui-ci persiste, la glande subira des altérations en tout analogues à celles que nous résumions à l'instant. Il est souvent difficile de saisir le premier anneau de la chaîne pathologique; mais, au bout d'un certain temps, que le point de départ soit dans le tissu prostatique ou dans l'orbiculaire, le résultat est le même. Il y a stagnation des sécrétions, dilatation des glandes et perte de leur contractilité. En outre, et ceci est un point de la plus haute importance, il se fait entre les glandes d'une part, l'orbiculaire de l'autre, un échange réciproque de mauvais procédés. Le spasme du sphincter provoque ou, tout au moins, facilite l'altération des glandes et celles-ci, dilatées par des sécrétions anormales ou des sympexions, jouent le rôle d'un corps étranger dont la présence est une cause permanente d'irritation pour la muqueuse si sensible de cette région de l'urètre. L'excitation de la muqueuse prostatique ayant comme conséquence la contraction spasmodique des sphincters et de la vessie, il y a là un cercle vicieux dont on saisit facilement l'intérêt considérable. Et, de plus, il en découle naturellement que toutes les causes de spasme de l'orbiculaire retentiront sur la prostate, et cela d'autant plus que celle-ci sera déjà malade.

Nous reviendrons d'ailleurs sur ce point dans le chapitre suivant.

Le mécanisme de fermeture des glandes à mucus a déjà été décrit et pour que l'urine vienne à pénétrer dans ces glandes, il faut, comme pour la prostate, qu'elles aient été le siège d'altérations préalables. Quand à l'excrétion du mucus, elle se fait par la simple vis à tergo et par la contraction des fibres lisses périurétrales qui compriment directement les culs-de-sac. Cette sécrétion et cette excrétion sont des phénomènes continus qui s'exagèrent considérablement sous certaines influences morbides ou même physiologiques, comme l'érection prolongée.

VI

Prostate, glande génitale, est une dépendance de cet appareil. Analogie avec la vésicule séminale. — Conclusion.

Il y a bien longtemps que l'on dit: la prostate est une glande génitale annexée à l'urètre. Encore faut-il s'entendre sur ce mot. Toutes les glandes de l'urètre viennent mélanger au sperme éjaculé leur produit de sécrétion. Elles jouent donc, dans la reproduction, un rôle certain et important. Néanmoins elles n'appartiennent pas, à proprement parler, à l'appareil génital, car toutes (sauf bien entendu la prostate), sont à la muqueuse de l'urètre ce que sont aux muqueuses trachéale, œsophagienne, etc., les glandes à mucus annexées à ces organes ; elles ont donc deux fonctions. Aussi est-il naturel de les voir se développer à la puberté, puis s'atrophier quelque peu quand cesse la vie génitale, soit par l'effet de l'âge, soit par la suppression des testicules (expériences chez les animaux). Ces phénomènes d'accroissement et de régression affectant un certain parallélisme avec l'évolution prostatique et testiculaire surtout, ont paru généralement constituer un caractère suffisant pour assimiler, par exemple, la glande de Méry à la prostate. Nous avons donné tout à l'heure assez d'arguments pour réfuter cette manière de voir. Et d'ailleurs l'anatomie comparée, que l'on néglige trop souvent de consulter, vient encore apporter de nouvelles preuves. Bien que présentant des différences considérables de volume, chez tous les vertébrés, les glandes de Méry offrent une ressemblance générale tenant à leur forme en grappe (Gegenbaür) (1). Parfois rudimentaires, elles sont au contraire, dans certaines espèces animales, les seules glandes à mucus s'ouvrant dans l'urètre (Milne-Edwards). Chez le cheval, tandis que les acini prostatiques renferment comme chez l'homme, deux ordres de cellules, les acini de la glande de Méry sont tapissés par des cellules cubiques (Chauveau) (2). En un mot, suivant l'expression très exacte de Küss et Duval (3), les glandes de Méry sont aux glandes à mucus de l'urètre ce que les glandes salivaires proprement dites sont aux glandules de la muqueuse buccale. La prostate reste donc une glande à part, et voilà pourquoi l'on ne saurait trouver son homologue chez la femme.

Mais puisque la prostate ne ressemble à aucune autre des glandes urétrales, puisqu'elle fait réellement partie de l'appareil génital, il devient tout naturel de chercher si de ce côté on ne rencontrerait pas quelque organe analogue. Nous avons déjà dit que l'on pouvait la comparer aux vésicules séminales. Ces dernières sont, en effet, constituées essentiellement par un canal central volumineux sur lequel viennent se brancher des canaux plus petits. Ces canaux une fois déroulés présentent une analogie frappante avec une glande prostatique (longueur du tube excréteur : un à six centimètres, — abouchement irrégulier d'acini cylin-

(1) GEGENBAÜR. *Manuel d'anatomie comparée.* (Traduction de C. Vogt, 1874.)
Œuvres de MÉRY, par PETIT, Paris 1888. (V. *Glandes bulbo-urétrales.*)
(2) CHAUVEAU, *Anatomie comparée.*
(3) KÜSS et DUVAL, *Cours de physiologie*, 1887.

driques et allongés). La paroi externe de l'acinus est plongée dans une couche musculaire plexiforme pour les uns; formant deux plans, circulaire et longitudinal, pour les autres. Dans cette couche rampent un réseau vasculaire sanguin très riche, des nerfs et des lymphatiques. Une membrane propre, mince et transparente supporte un épithélium stratifié (Morel). Ne sont-ce point là les caractères saillants que nous avons assignés à la prostate? D'ailleurs, les produits sécrétés sont sensiblement analogues.

La sécrétion est également continue, exagérée par les excitations génitales et l'excrétion provoquée par l'éjaculation.

Humeur prostatique.	*Sécrétion des vésicules séminales.*
Il y en a toujours dans les conduits prostatiques; elle est alcaline, de consistance analogue à celle du lait épais et non visqueuse; elle est d'un blanc crémeux, un peu jaunâtre. Elle tient en suspension de fines granulations et des gouttelettes graisseuses. On y trouve quelques rares cellules épithéliales prismatiques. Elle ne contient jamais de leucocytes. ROBIN.	De consistance crémeuse, semi-liquide, sans viscosité, ni état filant. Elle contient des sympexions que dissout l'acide acétique et des gouttes visqueuses comme celles que renferme le liquide prostatique et qui sont le point de départ probable des sympexions.

Ce tableau comparatif sera facilement complété en se rappelant ce que nous disions plus haut du suc prostatique. Toutefois, il ne faut point exagérer cette ressemblance. La vésicule séminale paraît être non seulement un organe de sécrétion, mais encore un réservoir pour le sperme, bien que chez certaines espèces animales et particulièrement chez le cobaye (1) Hénocque y ait trouvé des masses d'aspect vitreux dans un liquide glutineux et translucide, des sympexions, des cellules à granulations multiples, mais qu'il n'y ait jamais rencontré de spermatozoïdes. Le rapprochement que nous faisons entre la prostate et les vésicules séminales n'est point combattu par l'anatomie comparée. « La portion du canal uro-génital qui reçoit les conduits séminaux, présente chez les espèces animales d'autres organes de nature glandulaire (glandes prostatiques) qui offrent de nombreuses modifications. Ces glandes peuvent atteindre un volume considérable et se présentent soit sous la forme de masses paires, lobées (rongeurs, insectivores, éléphant), soit sous celle de nombreux petits caecums, réunis en une masse, placée sur une des parois du canal uro-génital. Ils sont alors recouverts d'une couche de fibres musculaires lisses, qui, lorsque ces glandes sont grandes et paires, les recouvre en partie ainsi que la paroi de la partie correspondante du canal uro-génital, et tantôt occupe la portion postérieure, tantôt forme un anneau à l'origine du même canal (2). »

Est-il besoin d'insister davantage? Désormais nous pouvons appeler la prostate glande génitale. Mais si toutes ces considérations devaient nous faire oublier que la prostate affecte avec les voies urinaires des rap-

(1) Hénocque, *Aptitude des cobayes mâles à la reproduction (Archives de Physiologie*, janvier 1891).
(2) Gengenbaür, *loco citato*.

ports dont l'importance est si grande en pathologie, mieux vaudrait revenir à notre classification première et n'y voir, tout simplement, qu'une glande urétrale sous-musculaire (1).

(1) Récemment, on a cherché à démontrer anatomiquement et physiologiquement, que la prostate n'avait pas une existence à part de l'urètre où s'ouvrent ses conduits excréteurs. Il y a au moins un paradoxe apparent dans cette opinion, vraie à notre sens, mais dans une certaine mesure.

CHAPITRE II

Physiologie normale et pathologique des éléments glandulaires de l'urètre.

I

Physiologie normale. — Mécanisme de fermeture des conduits excréteurs des glandes. Appareils expulseurs, intrinsèque et extrinsèque. Influence de la volonté sur ces appareils.

L'urètre de l'homme, en raison de sa double fonction de conduit évacuateur de l'urine et de conduit projecteur du sperme, présente dans sa continuité les orifices des canaux excréteurs des glandes nombreuses qui s'y déversent. Au point de vue pathologique, sujet de ce travail, nous comprenons dans les glandes de l'urètre non seulement les petites glandes muqueuses et les glandes périphériques ou situées dans les parois du canal, comme les éléments glandulaires de la prostate, les glandes de Cowper, celles de Littre et les glandes à situation anormale, mais encore les vésicules séminales et leur canal éjaculateur.

Si nous parlons ainsi de ces dernières, c'est que leur

état pathologique a sur l'urètre et la fonction urinaire des effets analogues à ceux déterminés par les accidents pathologiques des glandes prostatiques.

Jusqu'à présent, dans l'étude de la pathologie des parois de l'urètre et de l'urètre, on ne s'est presque pas occupé du rôle qu'y jouent ces glandes si multiples. Sauf pour les glandes de Méry, il n'y a rien eu de fait sur ce sujet. Et, chose curieuse, personne n'a cherché à déterminer d'une façon exacte comment la fonction d'évacuer l'urine et celle d'évacuer le sperme étaient absolument séparées et distinctes dans le canal de l'urètre; en un mot, comment il se fait que l'urine en passant dans le canal ne pénètre jamais par les orifices des canaux excréteurs des glandes dans les glandes à l'état physiologique.

C'est cependant là un rapport d'une importance considérable; car, la pénétration de l'urine dans les cavités glandulaires et le mélange de cette urine avec le produit de la glande entraîne un état pathologique tout particulier et des accidents fonctionnels tout spéciaux, ainsi que nous le démontrerons.

Cela est vrai, aussi bien pour les glandes qui sont sous la muqueuse urétrale et dont la fonction est de lubrifier l'urètre en tant que canal muqueux, que pour les glandes périphériques situées dans les parois ou en dehors des parois de l'urètre, dont les fonctions sont de lubrifier l'urètre avant l'éjaculation ou de fournir le véhicule au sperme.

Le mécanisme de fermeture de ces glandes varie. Tantôt le canal excréteur traverse obliquement les parois de l'urètre en se dirigeant en avant sous la muqueuse; puis, après un trajet plus ou moins long comme dans le cas des canaux excréteurs des glandes de Cowper, il s'abouche en traversant obliquement la muqueuse urétrale, de façon à n'avoir qu'une lèvre supérieure à son orifice. Il en résulte que la dilatation de l'urètre par un corps quelconque ferme l'orifice du conduit et même comprime ce conduit dans sa continuité. Les conduits éjaculateurs présentent une disposition analogue; ils traversent très obliquement la prostate pour venir s'ouvrir, après un trajet oblique sous la muqueuse, au niveau du veru-montanum, au centre du fer à cheval à convexité postérieure formé par les orifices des éléments glandulaires de la prostate dans l'urètre. Les glandes de Littre de la portion membraneuse ont aussi des conduits qui traversent obliquement la muqueuse urétrale. L'autre mécanisme de fermeture paraît bien moins certain. Ainsi, pour les glandes de la prostate, on voit les orifices disposés en demi-cercle autour du veru-montanum, ou plutôt, si on ne voit pas l'orifice lui-même, on voit le bourrelet de tissu élastique avec dépression centrale dans laquelle s'ouvre le conduit excréteur. La difficulté qu'on éprouve à entrer dans l'orifice vrai, même avec le tube effilé à injection de lymphatiques, démontre bien que ce bourrelet périphérique de tissu élastique a pour fonction de fermer l'orifice du conduit excréteur de la glande et d'y empêcher l'entrée de l'urine.

Il est certain que les fibres musculaires lisses de la prostate à travers lesquelles passe le conduit excréteur de la glande doivent aussi avoir pour action de fermer ces conduits.

Pour les glandes à mucus, les anatomistes ont toujours trouvé de grandes difficultés à déterminer la disposition du conduit excréteur. Les glandes à mucus déversent leurs produits dans le canal au fur et à mesure de sa production. C'est en réalité une fonction constante. Elles lubrifient le canal qui est une muqueuse comme toutes les autres et cette lubrifaction permet la sortie de l'urine. Pour Trousseau, la sécheresse de la muqueuse urétrale due à l'opium à l'intérieur pouvait déterminer la rétention d'urine.

Les autres glandes sont à fonction intermittente; physiologiquement, elles ne se vident que par l'éjaculation. Il en résulte que leur produit de sécrétion peut s'y accumuler, peut dilater leur cavité.

On n'a jamais bien étudié les conditions et les causes de sécrétion des glandes périphériques de l'urètre dont nous nous occupons. Nous pouvons cependant affirmer que ces glandes, en dehors de toute excitation génésique, sécrètent, ainsi que le prouvent les expulsions spontanées et involontaires de ceux que ne tourmentent pas les désirs intellectuels génésiques. Mais cette sécrétion augmente certainement sous l'influence de l'excitation génésique, quelle qu'elle soit, ainsi que le démontrent les accidents dus à la dilatation de ces glandes provoquée par les excitations génésiques sans satisfaction.

Ainsi voilà de simples éléments glandulaires, dont les cavités sont virtuelles à l'état physiologique pur, qui sont susceptibles de dilatation, et même à un degré relativement considérable, sous l'influence des causes les plus diverses. De là l'appareil musculaire d'expulsion chargé de comprimer ces glandes et d'en expulser le produit de sécrétion, — ainsi les fibres du bulbo-caverneux pour les glandes de Cowper, les fibres musculaires du sphincter urétral dans la portion membraneuse qui compriment les glandes de Littre. — Pour les vésicules séminales, la couche mnsculaire qui les entoure représente l'appareil expulseur intrinsèque des glandes de l'urètre.

La disposition des fibres musculaires constituant l'appareil expulseur intrinsèque des éléments glandulaires de la prostate, présente une disposition qui explique les symptômes fournis par le toucher rectal dans le cas de dilatation glandulaire. Les fibres musculaires qui, dans la prostate représentent exactement celles du sphincter urétral, passent entre les canaux excréteurs des glandes, contournent ces canaux et contribuent à les fermer par leurs contractions. Elles ne semblent pas passer autour des surfaces externes des cavités glandulaires pour les envelopper dans leur anse contractile et les comprimer au moment de l'expulsion. Dans les parois de ces cavités glandulaires, il y a des fibres musculaires lisses; mais elles sont indépendantes des faisceaux du sphincter urétral. Elles appartiennent à la paroi de la glande, elles constituent là une couche contractile semblable à celle qui existe dans les parois des vésicules séminales. De cette disposition anatomique résulte le fait pathologique que souvent la dilatation glandulaire a une paroi relativement mince du côté de la face postérieure de la prostate, que même cette dilatation glandulaire fait souvent saillie sur la face postérieure de la prostate. De là les signes tout spéciaux de point plus ou moins dense dépressible au doigt, sur la surface même de l'organe.

Ces appareils expulseurs intrinsèques des glandes périphériques de l'urètre agissant seuls sont absolument impuissants pour produire l'évacuation des produits glandulaires dans l'urètre et bien plus insuffisants encore pour produire la propulsion au dehors de l'urètre de ces produits de sécrétion.

L'appareil expulseur extrinsèque est ici constitué par tous les muscles du périnée (sphincter anal, bulbo-caverneux, muscle de Wilson, releveur de l'anus) et même par toutes les parois de l'abdomen, qui concourent à porter et à comprimer tous les organes contre le plancher du petit bassin et contribuent ainsi à rendre plus énergique et plus complète la contraction de tous les muscles du périnée au moment de l'éjaculation.

Tout ce qui peut rendre impossible cette contraction spasmodique énergique de tous les muscles du périnée trouble l'évacuation des glandes de l'urètre en la rendant incomplète ou même impossible. De là de véritables stagnations avec dilatation des glandes et même la rétention complète des produits glandulaires. Ainsi, lorsque dans une affection du coccyx la contraction du plancher du bassin devient douloureuse, les liquides de sécrétion accumulés dans les éléments glandulaires de la prostate et les vésicules séminales peuvent faire croire à un néoplasme de ces glandes. M. Reliquet en a observé et publié un fait tout à fait probant (1). « Ce

(1) Reliquet, *Ostéomalacie sénile du coccyx, du sacrum et de la colonne vertébrale*. (Comm. à la Soc. de médecine et de chirurgie pratique, 10 mai 1894.) Brochure (Battaille, éditeur), 1894.

malade, âgé de soixante-dix ans, mais très robuste et très bien conservé, vient chez moi se disant atteint d'un cancer de la prostate. J'examine, je trouve une très grande sensibilité du coccyx à la moindre pression, une prostate volumineuse n'ayant pas de points indurés, mais d'une consistance uniforme demi-molle. Le toucher faisait sortir du liquide prostatique par l'urètre. J'en ai conclu, séance tenante, qu'il n'y avait pas cancer de la prostate, qu'il y avait dilatation des éléments glandulaires et mon diagnostic fut démontré par la facilité avec laquelle ce malade put uriner lorsque la prostate fut vidée. Chez ce malade, pendant sa terrible et longue maladie, j'ai pu observer plusieurs fois la rétention des liquides prostatiques provoquant une grande gêne pour uriner, gêne qui cessait dès que la prostate était vidée. Enfin, j'en ai fait l'autopsie et la prostate était saine. Il s'agissait d'une ostéomalacie sénile débutant par le coccyx et qui a envahi successivement le sacrum et la colonne vertébrale. »

Il se présente ici une question : La volonté a-t-elle une action sur les appareils expulseurs des glandes de l'urètre? Les conditions physiologiques de l'éjaculation paraissent être bien en dehors de l'action de la volonté et cependant volontairement nous pouvons contracter les muscles de l'appareil extrinsèque d'expulsion qui tous ont des fibres musculaires striées et par conséquent sont soumis à l'influence de la volonté. Il va sans dire que la volonté est absolument sans action sur l'appareil intrinsèque des glandes.

Mais l'acte de l'éjaculation, résultat de réflexes, que

la volonté peut provoquer dans certaines conditions, s'accomplit sans que celle-ci intervienne et cela dans l'acte normal. Le fait de contracter tous les muscles expulseurs extrinsèques volontairement seuls ne peut jamais produire l'expulsion des produits glandulaires des glandes périphériques de l'urètre et même, dans certains cas, une véritable éjaculation, sauf dans des conditions pathologiques de ces glandes. En réalité, la volonté, peut dans certains états déterminés des organes génésiques, provoquer le début des réflexes dont l'éjaculation est le terme; mais ce n'est là qu'une puissance initiale.

Volontairement, on peut toujours interrompre l'acte de l'évacuation. Nous disons interrompre, le mot n'est pas exact. La cessation immédiate de tous les phénomènes contractiles dont le but est l'évacuation ne se produit pas au moment même où la volonté agit. L'acte apparent est suspendu, mais l'état de tension des muscles de l'appareil expulseur persiste, ne cesse complètement qu'après un certain temps et souvent provoque l'éjaculation en dehors des organes de la femme. C'est ce que nous avons décrit sous le nom de coït incomplet, à propos des stagnations d'urine et des spasmes de l'urètre (1).

Il est certain que, dans ces cas de coït incomplet, les glandes se vident moins complètement et que la dilatation glandulaire par accumulation des produits de sécrétion devient plus active, exactement comme dans

(1) Reliquet, *Leçons sur les maladies des voies urinaires*, p. 112 et suivantes.
Reliquet et A. Guépin, *Faux rétrécissements de l'urètre.*

les cas d'excitation génésique prolongée sans satisfaction.

Il y a cependant des sujets qui, à l'état de veille, sous l'influence d'excitations génésiques imaginatives et dues à l'accumulation des produits de sécrétion dans les glandes périphériques de l'urètre, y compris les vésicules séminales, sans se faire aucune manœuvre de masturbation, peuvent éjaculer ou plutôt expulser leurs produits glandulaires volontairement.

Observation I. (M. Reliquet.) — « Je soignais un homme de quarante-cinq à quarante-huit ans, robuste, mangeant bien, qui par principes ne coïtait pas. Il était atteint de stagnation d'urine et de temps en temps, il avait de la rétention. Le toucher rectal ne laissait aucun doute sur l'état de réplétion habituel des vésicules séminales. Je conseillai le coït physiologique; le malade n'acceptait pas ce conseil. Je cherchai à faire cesser l'excitation de la région profonde de l'urètre et surtout la stagnation en passant des sondes par lesquelles je vidais la vessie et je faisais des injections d'eau boriquée tiède. Plusieurs fois, au moment où j'entrais chez le malade, qui était couché, je le trouvais dans un état d'excitation violente des organes génitaux ne permettant aucun cathétérisme. Le malade me disait en pareil cas de vouloir bien attendre. Couché sur le dos, les bras croisés sur la poitrine, il se raidissait tout entier et l'éjaculation se produisait.

» Il m'a toujours semblé que, dans ce fait, l'action de la volonté — les glandes périphériques de l'urètre et les vésicules séminales étant fortement pleines — a été l'agent primitif de l'expulsion des produits glandulaires, en agissant par les muscles de l'appareil extrinsèque de l'éjaculation. »

Ce fait d'éjaculation volontaire est exceptionnel.

Ce que nous venons de dire des fonctions physiologiques des glandes périphériques de l'urètre et du mécanisme de ces fonctions est nécessairement la base de la physiologie pathologique de tous les troubles fonctionnels de ces glandes, qu'ils soient dus à un état organique local ou à une affection du système nerveux.

II

Physiologie pathologique. — Prostate; stagnation et rétention des produits de sécrétion dans les éléments glandulaires. — Contenu des éléments glandulaires. — Congestion, hémorragie. — Dilatation des éléments glandulaires par hypersécrétion. — Oblitération. — Causes adjuvantes de la dilatation des éléments glandulaires (irritations à l'extrémité de la verge). — Stagnation et rétention chroniques. — Conclusions.

Tout ce qui vient troubler l'expulsion physiologique des produits de sécrétion des glandes de l'urètre, — n'oublions pas que nous comprenons dans ces glandes les vésicules séminales, — détermine un état pathologique de ces organes entraînant presque toujours des troubles dans l'émission de l'urine, ainsi que nous l'indiquons plus haut.

Il est donc du plus grand intérêt d'étudier comment l'expulsion des produits de sécrétion de chaque glande peut être troublée et par quelles causes. Il est évident qu'il y a des causes communes nombreuses de stagnation et de rétention des produits de sécrétion qui agissent en même temps sur les éléments glandulaires de la prostate, sur les vésicules séminales, les canaux déférents et le testicule, tous ces organes participant à l'élaboration du sperme et se trouvant en activité physiologique complète dans le même acte. Malgré cela, même devant nous exposer à des redites, nous pensons qu'il est préférable, pour la description, d'étudier successivement la stagnation et la rétention des produits de sécrétion dans les différents systèmes glandulaires de l'urètre (glandes de Littre, prostate, vésicules et voies séminales). Commençons par l'étude de la prostate.

Prostate ; stagnation et rétention des produits de sécrétion dans les éléments glandulaires. — Il est curieux que jusqu'à ce jour on ne se soit pas occupé du produit de sécrétion des éléments glandulaires de la prostate et de son action sur le développement des éléments glandulaires et des tissus périphériques musculaires constituant l'appareil intrinsèque d'expulsion. On rencontre bien par hasard, çà et là, dans les observations, que des vieillards atteints de troubles fonctionnels de la miction dus à la prostate, urinent mieux après une expulsion spontanée, après une véritable éjaculation. Là s'arrêtent les inductions et on parle de l'hypertrophie de la prostate sans tenir compte de ces éléments glandulaires et de leur physiologie. Nous croyons que l'étude des troubles fonctionnels d'excrétion des produits de sécrétion glandulaires de la prostate, que l'étude des altérations des cavités glandulaires et des altérations des tissus périphériques qui en résultent, apporte une clarté très précise dans les causes de l'hypertrophie prostatique la plus fréquente et de toutes ses conséquences (stagnation, rétention d'urine, altérations vésicales qui en résultent, etc.).

Dans l'étude de la physiologie de cette glande que nous avons donnée, nous déterminons d'une façon précise comment les éléments glandulaires sont fermés, par quoi ils sont fermés pendant la période de repos ou de rétention normale et comment ces éléments glandulaires distendus par les sécrétions et comprimés par les fibres musculaires qui les enveloppent et l'appareil extrinsèque d'expulsion, chassent dans l'urètre les produits de sécrétion par les conduits excréteurs des glandes. C'est là l'acte physiologique complet qui se produit dans le coït normal pendant toute la période génésique active, tant que l'évolution organique n'est pas venue diminuer la puissance des appareils d'expulsion de la prostate, intrinsèque et extrinsèque. Les causes physiologiques de la sécrétion des éléments constitutifs du sperme ne diminuent pas en même temps que le pouvoir expulseur des fibres musculaires de la prostate et des muscles extrinsèques diminue en raison de l'évolution organique. Il en résulte une dilatation des éléments glandulaires par les produits de sécrétion contenus, qui augmente peu à peu et finit par donner un volume plus considérable à la prostate. Il est rare, nous dirons presque que cela ne se voit pas, que tous les éléments glandulaires de la prostate se dilatent en même temps; presque toujours, il y en a de plus développés dans un lobe que dans l'autre, ainsi que le toucher rectal permet de l'observer et de le distinguer, quand le tissu périphérique glandulaire n'est point encore trop induré. Il n'est pas rare de voir un ou deux éléments de la prostate très fortement dilatés, constituant une véritable tumeur liquide, se laissant déprimer par le doigt en même temps que son contenu s'évacue par l'urètre. Nous dirons même que c'est un fait de bon augure; qu'il se produise au premier examen du malade, il démontre que le tissu périphérique de la prostate n'est pas très induré; qu'il se produise lorsque la prostate a diminué d'induration, alors il montre l'action heureuse du traitement sur ce que l'on est convenu d'appeler l'hypertrophie prostatique. (Nous en donnerons des exemples.)

Cette rétention des produits de sécrétion dans les éléments glandulaires entraîne des changements dans la nature de ces produits, qui contiennent presque toujours le calcul prostatique ou des sympexions prostatiques plus ou moins gros ou plus ou moins denses. Ces corps particuliers dans les liquides glandulaires peuvent déterminer des oblitérations des trajets d'excrétion dont il faudra tenir compte au point de vue pathologique. Les sécrétions accumulées dans les éléments glandulaires agissent sur les parois d'une façon lente, mais continue, qui est pour beaucoup dans la production du tissu fibreux qui annihile de plus en plus l'action des fibres musculaires. C'est évidemment un nouveau facteur de sclérose des tissus de la prostate, sclérose qui supprime l'action de l'appareil expulseur intrinsèque et devient ainsi une cause permanente de la dilatation de plus en plus grande des éléments glandulaires.

Lorsque, par des moyens thérapeutiques, nous sommes arrivés à diminuer le degré d'induration des tissus de la prostate, le fait de l'expulsion par l'urètre des liquides prostatiques, soit spontanément, soit par la pression du doigt sur la prostate, n'a jamais manqué et démontre d'une façon précise, en dehors des faits de nécropsie, la dilatation des éléments glandulaires prostatiques et la rétention des sécrétions dans leur cavité. Ajoutons même que dans le cours du traitement de l'hypertrophie sénile de la prostate, nous avons vu les accidents reparaître lorsque les éléments glandulaires se sont dilatés à nouveau, l'expulsion des produits de sécrétion étant suspendue.

Nous venons de dire que, sous l'influence de la stagnation et de la rétention des produits de sécrétion, les cavités glandulaires de la prostate se distendaient, qu'on pouvait reconnaître au toucher rectal les éléments glandulaires distendus et saillants, ayant au doigt la consistance d'une masse liquide plus ou moins tendue, présentant quelquefois même un volume relativement considérable (gros comme une noisette, une noix). Ces distensions glandulaires n'ont point une cavité régulière; elle est, au contraire, alvéolaire. De là la difficulté d'en évacuer le liquide par ponction avec le trocart et par aspiration. Presque toujours la compression avec le doigt fait sortir par l'urètre les produits en rétention et provoque une amélioration momentanée. Nous verrons dans des observations que des vieillards atteints de dilatation kystique d'éléments glandulaires de la prostate sont régulièrement soulagés dans leurs troubles fonctionnels urinaires ou des accidents prostatiques concomitants, tels que douleurs localisées constantes, hématurie, etc., par l'évacuation par compression avec le doigt.

Contenu des éléments glandulaires. — Les éléments glandulaires et les conduits excréteurs de la prostate contiennent toujours une petite quantité du liquide prostatique (Ch. Robin). « Le liquide prostatique des » suppliciés, examiné au moment de l'autopsie et » quelques heures après, est légèrement alcalin, de » couleur laiteuse ou opaline très prononcée, assez » coulant, composé d'un fluide incolore tenant en sus- » pension de très fines granulations et des gouttelettes » graisseuses, quelques rares cellules épithéliales pris- » matiques et quelques gouttes hyalines d'une subs- » tance visqueuse. Il ne contient jamais de leuco- » cytes (1). »

Avec l'âge, les produits glandulaires de la prostate prennent une consistance plus épaisse, peut-être en raison de leur stagnation. On y trouve surtout ce que l'on est convenu d'appeler des calculs prostatiques, corps plus ou moins gros, généralement petits, transparents au moment de l'expulsion, noircissant à l'air, assez durs, et des sympexions de consistance beaucoup plus molle, ayant généralement l'aspect aréolaire à la surface; enfin, la substance épaisse et les grains brillants, si nets sous le microscope qu'on prendrait presque pour des têtes de spermatozoïdes séparées de la queue, lesquels disparaissent par l'action de l'acide acétique, ainsi que les sympexions du reste. Il semble que les calculs et les sympexions, mais surtout les calculs, soient d'autant plus fréquents et plus nombreux que le sujet arrive à un âge plus avancé, qu'il est à un degré plus avancé de l'évolution organique proprement dite. Certainement la présence dans les éléments glandulaires prostatiques dilatés de ces sympexions et calculs peut y entraîner

(1) Ch. Robin, *Leçons sur les humeurs*. (*Du liquide prostatique*, p. 445.)

une altération des tissus périphériques plus rapide dans le sens de la sclérose. Lorsque, par les moyens thérapeutiques, on obtient la diminution de l'induration des tissus de la prostate et de leur gonflement, comme nous l'avons déjà dit, les éléments glandulaires se vident mieux, soit spontanément, soit par pression avec le doigt. Il en résulte une diminution notable des troubles fonctionnels de la vessie. Tant que les calculs prostatiques contenus dans les éléments glandulaires ne se manifestent pas en tant que corps étrangers, le mieux dans l'état pathologique se continue. Mais dès que ces calculs produisent l'irritation de corps étrangers, alors tous les résultats heureux obtenus disparaissent, tout se passe comme dans la prostatite aiguë, la vessie ne se dilate plus et cependant la rétention d'urine peut exister toujours. C'est là un état, au pronostic des plus graves, sur lequel nous aurons à revenir.

Congestion, hémorragie. — La rétention des liquides dans les éléments glandulaires de la prostate, qui se produit en même temps que l'évolution scléreuse des tissus périphériques glandulaires et même favorise cette évolution, s'accompagne forcément d'un état congestif, local et périphérique, état congestif qu'aggrave encore la conséquence immédiate sur les voies urinaires de l'augmentation de volume de la prostate, la stagnation d'urine avec ses troubles fonctionnels (mictions fréquentes, plus ou moins difficiles, avec efforts), puis la rétention avec tout son cortège d'efforts violents pour uriner, etc. Si nous ajoutons à cela les difficultés des garde-robes, nous voyons réunies autour de cet élément pathologique, la stagnation et la rétention des produits de sécrétion dans les éléments glandulaires de la prostate, toutes les causes de congestion violente des organes du petit bassin (prostate et col vésical, région profonde de l'urètre, anus et rectum). Ainsi se trouvent expliqués les énormes gonflements congestifs qui entourent et englobent le tissu prostatique vrai et qui provoquent si fréquemment des pertes de sang et même des hémorragies par les voies urinaires. M. Reliquet a observé pendant des années un malade chez lequel l'hémorragie prostato-vésicale se produisait, même avec accumulation de caillots dans la vessie, toutes les fois que l'écoulement prostatique spontané s'arrêtait.

Dilatation des éléments glandulaires par hypersécrétion. — Dès qu'on parle de la prostate au point de vue pathologique, on a immédiatement l'attention attirée sur ce que l'on a appelé l'hypertrophie prostatique et les troubles fonctionnels que cet état de l'organe provoque dans l'émission de l'urine. C'est cet entraînement commun qui nous a conduit, dans l'étude de la physiologie pathologique de cet organe, à parler d'abord de l'évolution organique de ses tissus et de ses éléments glandulaires et de la réciprocité d'action des uns sur les autres, des éléments glandulaires et des tissus périphériques. Comme nous le verrons, c'est là un point d'une importance très grande pour le traitement.

Dans cette stagnation des liquides dans les éléments glandulaires de la prostate, la sclérose des tissus périphériques ou glandulaires n'est pas l'unique cause; c'est celle des gens âgés ou dont l'évolution organique est précoce relativement à l'âge. Mais il y a des causes nombreuses de stagnation et de rétention des liquides dans les éléments glandulaires de la prostate qui peuvent exister dans le jeune âge et qui peuvent s'ajouter aux causes spéciales à la vieillesse. Beaucoup d'entre elles doivent être présentes à l'esprit du médecin qui soigne une hypertrophie prostatique quelle qu'elle soit et quel que soit l'âge du sujet.

On comprend parfaitement que les éléments glandulaires de la prostate se remplissent, se dilatent par abstention complète des fonctions physiologiques. Lorsque l'expulsion des produits sécrétés ne se produit pas à temps par l'éjaculation, il n'est pas rare de voir survenir des phénomènes d'excitation du côté des voies urinaires (fréquence des mictions et même douleurs en urinant, sensibilité à la base du gland, etc.). Ces faits entrent dans ce que l'un de nous a appelé la *colique spermatique* (1).

OBSERVATION II. (M. Reliquet, *in Coliques spermatiques*, p. 14.) — « M. X... se plaint d'envies fréquentes d'uriner et d'une légère douleur à la fin de la miction. Souvent l'envie d'uriner est impérieuse et c'est surtout ce fait qui tourmente le malade, en raison des précautions qu'il est obligé de prendre là où il se trouve. C'est un homme de cinquante ans, se portant très bien par ailleurs, vivant largement, ayant bon appétit. Les fonctions du tube digestif sont parfaites; jamais de constipation.

» J'examine par le rectum; je trouve la prostate bien symétrique, d'un petit volume par rapport à l'âge, d'une consistance souple sans mollesse. Pas de sensibilité anormale. Les vésicules séminales sont facilement perçues et délimitées avec le doigt. Elles

(1) RELIQUET, *Colique spermatique*. (*Bull. Acad. de Médecine*, 1874.) — A. GUÉPIN, *De la Colique spermatique*, thèse. Paris, 1894.

sont assez volumineuses, mais pas dures. Je comprime légèrement la partie moyenne de la prostate sur le trajet des canaux éjaculateurs et le malade me dit qu'il sort quelque chose par l'urètre. J'examine immédiatement au microscope le liquide qui s'échappe du méat : c'est du sperme pur. Les spermatozoïdes très nombreux, tous libres, ont toute leur mobilité. Il n'y a pas de leucocytes ni de débris d'épithélium. Sur ma question le malade me raconte qu'il n'a pas coïté depuis deux ans. Brusquement il a cessé de le faire, lorsque avant il avait des rapports sexuels réguliers. Actuellement, il est souvent tourmenté par des érections. Quand il a une perte séminale nocturne involontaire, les troubles de miction cessent pendant deux ou trois jours.

» En raison de l'absence de toutes affections antérieures de l'urètre et de la pureté du sperme examiné, — il était sans mélange de pus ou de débris d'épithélium, — je conseille les rapprochements sexuels. Tous les troubles de la miction ont disparu. »

Observation III. (M. Reliquet, *Leçons*, p. 263.) — « Je donne depuis plusieurs années des soins à un malade qui actuellement a soixante ans; la première fois que je l'ai vu il était atteint de stagnation d'urine à la période d'excitation. Depuis des années, il est réveillé plusieurs fois la nuit par des érections qui, me dit-il, paraissent provoquées par l'envie d'uriner.

» Quand, par hasard, il a une perte séminale spontanée, ne coïtant pas, les envies d'uriner sont un peu moins fréquentes. Sous l'influence du traitement, la fonction de la vessie se rétablit bien. Un an après, les mêmes phénomènes de stagnation d'urine avec surexcitation pour uriner existent. Toujours les érections nocturnes fréquentes; souvent il est obligé de marcher pour les faire cesser afin d'uriner. Après ce second accident la vessie se dilate moins bien, le maximum du liquide injecté est de 250 gr., lorsque après la première crise le maximum était de 400 grammes d'eau tiède.

» Les éjaculations spontanées ne sont plus suivies d'une diminution dans la fréquence des mictions et leur produit n'est plus du sperme pur, mais c'est un liquide purulent contenant des spermatozoïdes et il y a souvent de la douleur à la fin de la miction. A partir de ce moment j'assiste à l'aggravation des troubles de miction. Une troisième fois, sous l'influence d'un froid humide, il y a rétention d'urine dont il est soigné hors de Paris. Quand je le vois, l'excitation vésicale excessive persiste, les difficultés pour uriner deviennent de plus en plus grandes, les envies d'uriner sont incessantes et la nuit toujours accompagnées d'érection; elles ont lieu plus souvent que toutes les heures. L'éjaculation spontanée ne donne plus de repos, le sperme est toujours purulent. Je suis obligé de mettre la sonde à demeure, des sangsues au périnée. A chaque fois que l'on ouvre la sonde, la vessie étant vide, il faut injecter un peu d'eau tiède pour faire cesser la sensation douloureuse d'envie d'uriner. Toujours on continue les grands lavements d'eau tiède d'évacuation, donnés lentement avec ma longue canule en gomme et, une heure après chacun d'eux, on injecte dans le rectum, matin et soir, un cataplasme liquide de graine de lin fait avec une solution de deux grammes de bromure de potassium.

» Après cinq jours, la vessie reçoit facilement 200 grammes d'eau, les excitations de la vessie vide cessent. J'enlève la sonde à demeure; le malade n'urine plus que toutes les heures et demie sans douleur. Pendant tout ce temps, le malade boit du lait, de la tisane de graines de lin préparée à froid, mélangée par moitié avec de la décoction de queues de cerises. En dehors de cela, le malade mange suffisamment. Trois mois après cette forte crise, les douleurs en urinant et les envies d'uriner fréquentes reparaissent. La nuit, elles sont toujours accompagnées d'une forte érection. Il y a deux éjaculations spontanées, toutes deux absolument sanguines. J'examine la dernière, qui est de la veille, au microscope. La tache brun-rouge foncé empèse le linge exactement comme le sperme normal. Après avoir traité cette tache par dilution dans de l'eau bien filtrée, je vois au microscope des spermatozoïdes, des globules sanguins, des leucocytes et beaucoup de cristaux d'hématine. Par quelques injections d'eau tiède et d'eau phéniquée, j'arrive encore à dilater un peu la vessie, mais elle ne reçoit plus que 125 à 140 grammes d'eau tiède. Toujours le liquide de lavage de la vessie entraîne des petits grumeaux de muco-pus très compacts. Je suis évidemment ici devant une inflammation chronique des vésicules séminales survenue après les accidents aigus de la stagnation d'urine chez un sujet ne coïtant pas depuis longtemps et ayant des érections à la moindre surexcitation nocturne des voies génito-urinaires.

» Devant ces excitations vésicales de plus en plus intenses, à chaque poussée inflammatoire du côté des vésicules séminales, à l'époque où l'éjaculation, à peine purulente, était encore suivie d'une amélioration dans les fonctions de miction, j'ai voulu essayer de comprimer avec le doigt les vésicules séminales pour les vider artificiellement. Au moment d'une crise, je l'ai fait; le liquide est sorti par l'urètre au moment de la pression et pendant un très court instant après, le doigt n'étant plus dans l'anus. Il y a eu un léger soulagement dans la sensation et la fréquence des envies d'uriner, mais le malade éprouva un sentiment de malaise général et surtout un malaise urétral tel qu'il s'opposa à ce que je fisse de nouveau cette compression des vésicules séminales. Jusqu'à présent, chez ce malade, il n'y a pas eu d'orchite.

» Il est bien probable que l'état des vésicules séminales ira en s'aggravant et que la vessie en sera de plus en plus contracturée.

» L'état des vésicules séminales a été en s'aggravant et a fini par déterminer une purulence infectieuse. »

Observation IV. (M. Reliquet, *Leçons*, p. 94.) — « ... Il s'agissait d'un homme de quarante ans, qui, ayant eu de nombreux écoulements chroniques, avait été soigné à différentes reprises par la cautérisation au nitrate d'argent de la région profonde de l'urètre. Il venait me consulter pour faire cesser des envies fréquentes d'uriner qui avaient lieu toutes les demi-heures. Le plus souvent la miction était sans douleur, sauf quand il avait voyagé ou fait un excès de table. A l'examen de l'urètre, je ne trouvai aucune diminution de calibre, seulement une sensibilité notable de la région profonde au moment du passage des instruments. La vessie ne pouvait supporter que cinquante grammes d'eau tiède injectée très doucement. Au toucher rectal, je trouvai les deux lobes prostatiques parfaitement symétriques, de consistance normale et de volume ordinaire. A la partie moyenne de la prostate, sur la ligne médiane, au milieu du sillon médian, il y avait une petite masse donnant au doigt la sensation d'une lentille un peu grosse, parfaitement délimitée et pas douloureuse à la pression. Sa consistance était celle d'un tissu induré ; elle occupait manifestement le milieu du tissu prostatique. Les vésicules séminales n'offraient rien au toucher.

» Le malade me raconta que, depuis trois ans, il n'éjaculait plus en coïtant; il éprouvait une sensation bien moindre qu'autrefois; mais toujours une légère douleur terminait l'acte du coït. Sur mes questions, il me répondit très nettement qu'après le coït il n'urinait jamais de matières visqueuses, ce qui éloignait l'idée de l'éjaculation vers la vessie, observée si souvent chez les sujets atteints de valvule musculaire du col de la vessie.

» Je commençai par appliquer les courants électriques continus, en mettant le pôle positif dans la vessie, le pôle négatif sur l'hypogastre et en faisant, en même temps, une injection d'eau tiède dans la vessie; je fis une dizaine de séances sans obtenir la moindre dilatation de la cavité vésicale. Tant que la sonde était dans l'urètre, le malade manifestait une douleur vive au périnée et se livrait à des efforts involontaires qu'il ne parvenait à maîtriser qu'incomplètement. Je finis par prendre la décision de donner du chloroforme. Le malade étant en résolution, j'introduisis une sonde en gomme et, par elle, je pus injecter dans la vessie 300 grammes d'eau tiède qui furent parfaitement supportés. J'examinai la vessie avec le brise-pierre explorateur, et je m'assurai qu'elle ne contenait pas le moindre corps étranger. A la suite de ces manœuvres, le malade étant chloroformisé, les envies d'uriner n'eurent plus lieu que toutes les deux heures et demie à trois heures. Le malade, fort heureux, retourna reprendre ses occupations. Avant de le quitter, je reconnus que la petite induration médiane de la prostate était toujours la même. Je m'empressai de lui dire que sa vessie perdrait plus ou moins vite le pouvoir de se dilater, et je lui conseillai de revenir me trouver dès que les envies d'uriner seraient trop fréquentes.

» Je le priai d'observer très exactement si l'éjaculation se produisait, lui demandant de recueillir le liquide évacué par la première éjaculation et de me le faire parvenir.

» Six mois après, il revient me voir; il est exactement dans l'état où je l'avais vu la première fois, et il me prie de lui donner du chloroforme pour dilater sa vessie: ce que je fis. Le second résultat fut exactement le même que le premier: la vessie supporta 300 grammes d'eau tiède injectée, lorsque, sans le chloroforme, elle ne pouvait supporter que 60 grammes; les envies d'uriner s'éloignèrent comme la première fois.

» Sept mois après, ce même malade revient me trouver, me priant de lui donner encore du chloroforme pour dilater sa vessie. Il me raconte alors qu'il éjaculait et que les sensations d'autrefois étaient revenues. Seulement la première éjaculation a été accompagnée d'une douleur assez vive. Il recueillit le liquide éjaculé la première fois, qui contenait, me dit-il, de petites masses blanches. Mais au lieu de me le faire parvenir, il pria un pharmacien de l'examiner. Celui-ci dit au malade : « Il n'y a que de l'albumine. » Je regrette bien vivement de n'avoir pas pu examiner au microscope ce liquide. Je touchai de suite le rectum et je ne trouvai plus la masse dure à contours si limités, occupant le point médian de la prostate. J'y perçus bien une sensation différente de celle donnée par le tissu de la prostate, mais la légère augmentation de consistance des tissus est bien faible, et on n'en perçoit plus la limite exacte. Je passe une sonde et je peux, sans chloroforme, injecter jusqu'à 100 grammes d'eau. Le malade me dit qu'il urine tous les trois quarts d'heure et quelquefois toutes les heures. Ainsi l'état de spasme de la vessie est moins fort qu'autrefois. Je donne du chloroforme, je dilate la vessie encore jusqu'à 300 grammes. Le malade repartit le lendemain et je ne l'ai plus revu, il y a de cela un an et demi.

» Il est évident qu'ici la cause de l'excitation vésicale était la petite masse indurée à la partie moyenne de la prostate. Selon toutes les apparences, cette petite masse était placée au niveau des canaux éjaculateurs qu'elle oblitérait, puisque après l'éjaculation rétablie on ne la retrouvait plus. »

La rétention et la stagnation des produits glandulaires peut prendre une forme aiguë et provoquer immédiatement tous les troubles fonctionnels urinaires, même la rétention d'urine, en raison de l'état de spasme violent de la région profonde de l'urètre et des éléments musculaires de la prostate : c'est dans le cas d'excitation génésique, d'érections prolongées et sans satisfaction. Il est certain que l'excitation génésique quelle qu'elle soit provoque une hypersécrétion rapide de toutes les glandes qui contribuent à la formation du sperme. Le fait de la non-expulsion de ces sécrétions entraîne l'état de plénitude permanent des cavités glandulaires et même une certaine surexcitation des organes génitaux dans l'état de repos. Ceci se rencontre assez fréquemment chez les fiancés et les porte à se croire atteints d'écoulements, de rétrécissements, etc.

Dans le cas de surexcitation lubrique volontaire et de prolongation de cette surexcitation par simple désir de la durée, il peut arriver qu'au moment où on veut l'éjaculation, celle-ci ne se produise pas, surtout lorsque le sujet est d'un certain âge. Alors on peut se trouver devant une congestion violente de la région profonde de l'urètre et de la prostate avec spasmes énergiques entraînant la rétention d'urine (1). Il est tout clair que ce dernier accident se produit d'autant plus facilement que l'évolution organique des tissus a diminué le pouvoir de l'appareil expulseur des glandes.

A côté de ces hypersécrétions de cause physiologique nous devons placer les hypersécrétions de cause pathologique. Lorsque les glandes ont été dilatées, leurs parois, comme nous l'avons dit, présentent toujours un état d'hypérémie qui entraîne forcément une sécrétion plus ou moins anormale, mais toujours assez abondante dans un temps court. C'est ce que nous verrons d'une façon très nette chez les vieillards qui se font vider par compression avec le doigt leurs éléments glandulaires et qui en éprouvent du soulagement.

Le fait de l'envahissement des éléments glandulaires de la prostate par une inflammation de l'urètre quelle qu'en soit l'origine (blennorragie, urétrite simple ou d'origine constitutionnelle) est des plus fréquents chez les hommes de tout âge. Il en résulte une hypersécré-

(1) Reliquet et A. Guépin, *Faux rétrécissements de l'urètre*, page 36. Paris, 1893.

tion prostatique, plus ou moins formée de mucus, plus ou moins chargée de pus, qui est expulsée spontanément sous forme de filaments avec les urines, qu'à chaque instant le chirurgien fait sortir par la compression de la prostate avec le doigt et qu'ainsi il peut examiner à loisir au moment même de son évacuation. Quand l'état constitutionnel est la tuberculose, il n'est pas rare de voir ces malades très soulagés par l'expulsion soit physiologique — quand celle-ci est possible, — soit par la compression directe avec le doigt. Du reste, sans nous étendre plus longuement sur ce point, nous pouvons dire que lorsque la rétention ou la stagnation des liquides dans les éléments glandulaires, due à une cause d'hypersécrétion pathologique, provoque des douleurs locales et des troubles fonctionnels de miction, il y a toujours amélioration après l'évacuation, physiologique ou artificielle, des produits en rétention, la pression du doigt sur la prostate ne devant jamais aller jusqu'à une compression violente. Les cas où l'évacuation des liquides prostatiques par la pression du doigt est suivie d'une surexcitation plus grande, sont ceux où il a été mis trop de force et trop de violence, ceux où, sans qu'il y ait eu violence, il y a oblitération d'un ou de plusieurs conduits excréteurs des glandes par la nature même du produit de sécrétion ou tout autre cause, ou encore ceux dans lesquels il y a des calculs prostatiques. Ce sont là des points sur lesquels nous aurons à revenir à propos du traitement.

Dans les hypersécrétions aiguës d'origine pathologique (propagation de l'inflammation de l'urètre aux éléments glandulaires), on comprend très bien comment se produit l'abcès glandulaire de la prostate et cela à tous les âges. Du reste, ce mécanisme est commun à la formation de tous les abcès glandulaires.

Oblitération. — La rétention des liquides de sécrétion dans les éléments glandulaires de la prostate peut être due, ici comme dans toutes les glandes, à l'oblitération du conduit excréteur; cette oblitération du conduit excréteur résulte naturellement d'un mécanisme varié. Comme nous le disions tout à l'heure, les sécrétions denses, épaisses et même solides, chassées par les appareils d'expulsion dans les conduits excréteurs, peuvent oblitérer ces conduits et provoquer les accidents. Ainsi, dans les cas de sympexions, de calculs prostatiques, de mucosités très épaisses. Mais il est une autre forme ou genre d'oblitération des orifices que l'un de nous (1) a observé plusieurs fois et qui consiste en une *croûtelle*, plus ou moins large et plus ou moins étendue, ressemblant à celles qui se forment sur les petites plaies exposées à l'air, ayant un aspect vitreux, jaune, se craquelant par la pression. Ces croûtelles sont expulsées ayant, adhérant à une de leurs faces, des filaments muqueux, épais, tout à fait semblables à ceux que fait sortir de la prostate la pression du doigt. Quand on tient la croûtelle par un de ses bords avec une pince, le mucus a l'aspect d'un chevelu qui pend attaché par son sommet comme pendent les racines d'une plante aquatique et flottante.

(1) RELIQUET.

Ces faits d'oblitération directe, qu'on pourrait appeler par corps étrangers, des orifices glandulaires de la prostate, sont relativement rares et ne sont presque jamais diagnostiqués qu'après l'expulsion des corps oblitérants. Quand il s'agit des croûtelles, dans les faits que nous avons observés, le malade en a toujours évacué plusieurs à des intervalles plus ou moins longs; ces évacuations étaient suivies de soulagement.

Causes adjuvantes de la dilatation des éléments glandulaires. — Nous avons maintenant à parler des causes adjuvantes de la stagnation et de la rétention des liquides dans les éléments glandulaires de la prostate qui sont les plus fréquentes. Ce sont les causes qui exagèrent la contractilité des fibres musculaires qui entourent les canaux excréteurs et les orifices glandulaires et celles qui annihilent le pouvoir contractile des appareils d'expulsion intrinsèque ou extrinsèque.

A l'état physiologique, il faut qu'il y ait toujours équilibre entre la force qui ferme le conduit excréteur et son orifice et celle qui agit sur la cavité où les liquides s'accumulent. Il est tout clair que l'une de ces deux forces primant l'autre, détermine des troubles fonctionnels dans l'excrétion des produits glandulaires et dans le cas donné un écoulement, cause de tous les ennuis des malades.

Il est curieux que l'on ait toujours considéré ces écoulements comme le résultat d'une inflammation localisée à la surface de la muqueuse urétrale ; de là, les traitements locaux si en honneur à notre époque, dispensant de rechercher la véritable origine de ces écoulements, origine qui, reconnue, entraîne une thérapeutique tout autre et bien plus efficace.

Depuis que l'un de nous (1) a démontré que toutes les causes d'irritation à l'extrémité de la verge entraînaient le spasme de la région profonde de l'urètre, du collet du bulbe au col vésical, avec stagnation d'urine dans la vessie, il a vite reconnu que ces spasmes de la région profonde de l'urètre rendaient plus difficile et moins complète l'expulsion des produits de sécrétion contenus dans les éléments glandulaires. La preuve lui en a été donnée par les faits où la suppression de ce qui irritait l'extrémité de la verge (prépuce étroit, méat étroit et mal placé) a rendu possible presque immédiatement, dans les heures qui ont suivi, l'expulsion spontanée des liquides en rétention dans les éléments glandulaires, et que l'exploration digitale avait permis de reconnaître.

Observation V. (M. Reliquet.) — « Je vois avec le docteur Jalaguier un homme d'environ quarante ans qui était soigné en province pour un écoulement blennorragique. Le toucher rectal fait reconnaître immédiatement une augmentation de volume considérable de la prostate, laquelle est bosselée, mais les bosselures sont fluctuantes ; ce malade est manifestement tuberculeux. Le prépuce est étroit et court, le méat est haut sur le gland. Le passage d'une bougie moyenne (16) provoque une douleur vive dans toute la région profonde de l'urètre et à l'extrémité de la verge. Je débridai le prépuce et le méat. De suite, dans les heures qui suivirent, il y eut un écoulement de pus extrêmement abondant et le lendemain le toucher rectal me fit reconnaître l'affaissement de toutes les saillies de la prostate. On fait des lavages de la vessie et de l'urètre avec de l'eau boriquée matin et soir, en laissant toujours de

(1) Reliquet.

l'eau boriquée dans la vessie, le passage de la sonde ne provoquant plus aucune douleur. Bien entendu, je prescris au malade le régime lacté mitigé, jusqu'à ce que les écoulements aient cessé, les grands lavements matin et soir avec la longue canule, les suppositoires matin et soir (avec iodoforme et jusquiame) et le rhum créosoté à sept grammes de créosote pour 500 grammes, une cuillerée à bouche matin et soir dans un verre d'eau en mangeant. Sous l'influence de ces moyens et du régime, l'amélioration a été rapide. »

Nous aurons, dans ce travail, souvent à revenir sur des faits semblables à celui-ci.

Dans des faits comme le précédent, il peut y avoir excitation violente de la vessie, même lorsqu'il y a coexistence de dispositions vicieuses irritant l'extrémité de la verge. En effet, cela se conçoit très bien. La dilatation des éléments glandulaires de la prostate peut s'accompagner d'un véritable état inflammatoire dont la conséquence réflexe est le spasme vésical, ainsi que nous l'avons démontré. Nous dirons même que l'évacuation spontanée du système glandulaire prostatique après la disparition des causes irritatives à l'extrémité de la verge, peut, dans nombre de cas, devenir la cause d'accidents graves, si on néglige de les prévenir. Ces cavités glandulaires désormais vidées peuvent s'enflammer avec la plus grande facilité, et pour qui n'est pas prévenu, l'étonnement est toujours très grand de voir apparaître des accidents fébriles infectieux graves après des évacuations qui se sont produites spontanément et sans douleurs.

Il faut faire intervenir ici les troubles circulatoires provoqués par le brusque retour sur elle-même de la paroi d'une cavité habituellement distendue et depuis longtemps le siège d'une circulation anormalement active. En outre, les canaux excréteurs et les orifices de ces canaux ne sont plus fermés avec autant d'énergie; on peut même dire qu'ils restent béants, après le passage de masses plus ou moins solides et qu'en conséquence la communication de la cavité de l'urètre avec les cavités glandulaires se trouve ainsi établie. De là, production très facile dans ces cavités glandulaires de foyers infectieux au premier chef.

Nous ne saurions trop insister sur ce foyer infectieux des glandes de l'urètre et de la prostate en particulier. Toutes les fois que nous sommes en présence d'une dilatation des éléments glandulaires de la prostate, ce qui existe dans presque tous les cas dénommés hypertrophie de la prostate, nous cherchons à éviter la formation de ce foyer infectieux qui est la cause primitive la plus fréquente de la mort des prostatiques. Par conséquent, il faut qu'à ce moment, les parois de l'urètre ne soient pas en contact avec l'urine, c'est-à-dire, mettre la sonde à demeure, et supprimer toutes les causes pouvant empêcher la tolérance de cette sonde mise à demeure.

Observation VI. (M. Reliquet.) — « Je soigne un homme de soixante-quinze ans atteint de rétention d'urine prostatique. Celle-ci est très volumineuse, très congestionnée. Une fois l'évacuation d'urine faite très lentement et l'intestin vidé, je veux laisser une sonde en caoutchouc vulcanisé à demeure. Mais, malgré les calmants mis dans le rectum et les injections d'eau boriquée à 37 degrés faites dans la vessie pour calmer l'excitation au moment où une cavité se vide, la sonde n'est pas supportée. Je reconnais que le méat est placé très haut sur le gland et qu'il a une position oblique par rapport à l'axe de la sonde. Nous avons beaucoup de peine à convaincre le malade de l'utilité de débrider le méat. Je le fais avec la cocaïne. A partir de ce moment la sonde est parfaitement bien supportée; l'écoulement des liquides prostatiques, qui n'avait pas paru, se fait très facilement par-dessus la sonde; la sensibilité vésicale diminue de plus en plus et, après dix jours, la vessie se dilatant à plus de 500 grammes, nous pouvons retirer la sonde à demeure, l'écoulement des mucosités prostatiques n'existant plus. Puis le malade se sonde toutes les cinq ou six heures.

» A côté de ce fait je tiens à relater un cas où les conditions de rétention d'urine étaient absolument semblables : âge soixante-dix-sept ans, sensibilité très grande de l'urètre et excitation vésicale à chaque fois qu'on vide la vessie. Agacement perpétuel causé par la sonde en caoutchouc vulcanisé mise à demeure. Le méat, placé très haut sur le gland, sectionne obliquement la sonde. Le malade refuse absolument le débridement du méat. L'écoulement du liquide prostatique se produit par masses expulsées par-dessus la sonde.

» Mais la sensibilité vésicale est très grande, les envies d'uriner sont très fréquentes, les injections d'eau boriquée faites à la fin de l'évacuation de l'urine ne calment plus l'excitation vésico-urétrale. Dans ces spasmes vésicaux, l'urine passe par-dessus la sonde.

» Alors se produit un véritable phlegmon de la prostate avec évacuation de pus plus ou moins fétide par l'urètre, et l'infection générale ne peut plus être combattue. »

L'influence de l'irritation à l'extrémité de la verge sur la rétention des liquides accumulés dans les éléments prostatiques, se rencontre à tous les âges. Nous l'avons observée chez un jeune homme de seize ans qui n'avait jamais eu de rapports sexuels et qui était atteint de tuberculose localisée à la prostate. Chez lui, le débridement du méat, étroit et placé haut sur le gland, a suffi pour provoquer l'évacuation spontanée des liquides contenus dans les éléments glandulaires. L'observation V le démontre également.

Rétention et stagnation chroniques. — Nous venons de voir comment on fait cesser la stagnation et la rétention dans les éléments glandulaires de la prostate en supprimant les spasmes de la région profonde de l'urètre, qui exagèrent la fermeture des conduits excréteurs et de leurs orifices urétraux. Mais on comprend très bien que le pouvoir d'expulsion ayant diminué de puissance, sans que la fermeture des conduits excréteurs soit augmentée, la glande puisse se dilater et devenir le siège d'une stagnation et même d'une rétention chroniques. Dans ce cas, la moindre pression avec le doigt sur les masses glandulaires fait sortir par l'urètre les produits de sécrétion ; c'est ce que nous avons souvent observé.

En étudiant les spasmes de l'urètre et de la vessie, nous avons insisté sur l'origine nerveuse de ces contractures. Il est certain que l'action du système nerveux central peut se localiser sur l'urètre et y produire exactement ce que nous avons décrit dans le cas d'irritations à l'extrémité de la verge. C'est un facteur qui entre très certainement dans l'augmentation de la force de fermeture des canaux excréteurs et des orifices et dont il est nécessaire de savoir tenir compte. Il nous est arrivé bien des fois, en examinant la prostate d'ataxiques, par une légère pression du doigt, de provoquer l'expulsion des liquides accumulés dans les éléments glandulaires.

Disons de suite que dans nombre d'affections chroniques du système nerveux et, ce qui est plus, dans le cours de la même affection chez le même individu, surtout dans le cas d'ataxie locomotrice, on peut voir tantôt la rétention avec difficulté d'expulsion, tantôt la prédominance de la contraction des appareils expulseurs et alors des évacuations brusques, répétées et même douloureuses. Nous ne pouvons traiter ici une semblable question ; elle le sera ultérieurement, mais cependant nous ne devions point la passer sous silence en parlant de la rétention des produits glandulaires prostatiques.

Nous venons de décrire la période terminale de la rétention des liquides glandulaires après en avoir donné la physiologie pathologique ; mais il s'agit là d'un état ultime. Avant d'en arriver à cela, il s'est passé le plus souvent un temps long pendant lequel il y a eu des alternatives de lutte plus ou moins marquée entre l'appareil d'expulsion et l'appareil de fermeture. Toujours les troubles fonctionnels ont été notables, telles les envies plus ou moins fréquentes, les difficultés plus ou moins grandes pour uriner, selon le degré de gonflement ou de dégonflement des glandes par évacuation. C'est le fait si caractéristique de ces malades qui disent eux-mêmes uriner beaucoup mieux après le coït complet. Chez eux, l'évacuation prostatique s'est faite; chez eux aussi, l'expulsion par le toucher rectal des liquides contenus dans la prostate est toujours suivie de mictions plus faciles.

Observation VII. (M. Reliquet.) — « M. C..., soixante-sept ans, chirurgien principal de l'armée, en retraite, me consulte le 11 juin 1885. Il me raconte que le 25 mai 1883, après avoir passé la soirée dans un état de surexcitation génésique avec érection prolongée sans satisfaction (sans coït), il éprouva des douleurs très vives dans les testicules et au périnée. La nuit suivante, il fut agité par des rêves érotiques qui causèrent une grande prostration. Le 26, au matin, M. C... prit le chemin de fer pour retourner chez lui. Très fatigué, il se couche sur le dos et s'endort. Une heure après le départ, nouveau rêve érotique suivi d'une éjaculation très abondante. Seul dans le compartiment, il examine sa chemise et est très surpris de voir le sperme mélangé de sang. A la première station, ayant besoin d'uriner, il évacue de l'urine aussi mélangée de sang. Arrivé chez lui, l'hématurie continue, plus ou moins marquée.

» Vers les premiers jours de juin 1883, environ dix jours après les premiers accidents, M. C... éprouve des douleurs vives dans les régions hypogastrique et rectale, avec impossibilité d'uriner. Il se passe une sonde lui-même, retire de la vessie plus d'un litre d'urine sanguinolente. Cette difficulté pour uriner ne persista pas.

» Inquiet de son état de santé, n'éprouvant cependant que rarement des douleurs vagues, il employa divers médicaments à l'intérieur, tels que le perchlorure de fer, la teinture de digitale, le tannin, la tisane de lin, enfin tous les balsamiques sous diverses formes. Tous ces médicaments ne produisirent aucune modification et l'hématurie continua.

» En 1884, il consulte à Paris le docteur M... Ce dernier, pensant que l'hémorragie persistante tenait à la présence d'un calcul, explore la vessie et ne rencontre rien. D'après ce médecin spécialiste, il devait exister des calculs dans les reins. Aussi, il conseilla une saison à Contrexéville.

» Sous l'influence des eaux, il n'y eut pas d'évacuation de graviers, les urines continuèrent à être sanguinolentes; il y eut plusieurs éjaculations involontaires, le sperme était toujours mélangé de sang. Les accidents persistant, M. C... vint me consulter le 11 juin 1885.

» M. C... paraît plus jeune que son âge; il est grand, maigre, vif. Par le toucher rectal je trouve, à gauche, sur la face postérieure de la prostate, une tuméfaction saillante, grosse comme le bout du doigt, fluctuante. Elle se déprime sous le doigt; immédiatement il sort par l'urètre, le malade étant relevé, des masses blanches opalines ayant l'aspect de frai de poisson et un peu de sang. A l'examen microscopique, pas de spermatozoïdes, du pus et du mucus.

» Après le toucher rectal, le sang, en urinant, est abondant pendant trois jours; mais il va en diminuant et cesse le 18 juin. Le malade, effrayé par le sang des premiers jours, prend du perchlorure de fer. A partir du 18 juin, les urines, qui contenaient toujours du sang depuis le 26 mai 1883, deviennent absolument indemnes de sang. Les envies d'uriner, fréquentes après le premier toucher rectal, deviennent de plus en plus éloignées et faciles. A partir de mon premier examen, le malade a été mis au régime lacté et a pris, matin et soir, le grand lavement avec la longue canule.

» Le 22 juin, je touche et je constate que la tuméfaction du lobe gauche de la prostate ne s'est pas reproduite; le doigt, appliqué à sa place, reconnaît les bords et les parois de la cavité, le liquide évacué par le premier toucher. M. C... se plaint à moi de surexcitations génésiques spontanées. Le 26 juin, le malade me raconte qu'il a coïté deux fois depuis sa dernière visite, et la seconde fois, il y a quatorze heures; il n'a pas eu de douleurs au moment du coït. Au premier coït, il y a eu évacuation de 2 centimètres cubes environ de sperme, d'aspect un peu jaune, sans trace de sang. J'examine au microscope le sperme du second coït; les spermatozoïdes, nombreux, sont très vivants. Quelques globules blancs et quelques sympexions assez gros et non effilés par leur sortie. Le malade se trouve tellement bien qu'il me dit être guéri.

» Pendant près de deux ans, l'état général du malade est resté excellent; il sortait à pied, allait en voiture et même à cheval. Cependant, tous les trois mois environ, il fallait pratiquer le toucher rectal et vider par compression de petites tumeurs tendues, donnant au doigt la sensation de kystes synoviaux, au nombre de deux à trois, de la grosseur d'une noisette ou d'une noix et occupant de préférence le lobe gauche de la prostate. L'organe tout entier était augmenté de volume. Quand on vidait ces tumeurs par la compression avec le doigt, il sortait du méat une substance semblable à de la gelée de groseilles, contenant des grains brillants. L'examen microscopique n'en a pas été fait.

» Également, pendant ces deux années, les hémorragies étaient fréquentes. Elles augmentaient toujours après l'écrasement des tumeurs pour disparaître complètement au bout de huit jours et reparaître un mois après. En même temps que les hémorragies, il y avait de l'excitation vésicale; les urines devenaient troubles et parfois ammoniacales. Pendant les périodes de calme, le malade se sondait lui-même facilement, avec une sonde en gomme, deux fois par semaine. Après la miction la plus complète possible, il retirait, encore par la sonde, un verre d'urine. Lorsque les tumeurs atteignaient leur volume maximum, quand les hémorragies étaient fréquentes, il était obligé de se sonder tous les jours et parfois plusieurs fois par jour ; rarement, il y avait du sang dans la vessie.

» Jamais il n'y eut de douleurs locales intenses ; parfois seulement une sensation de pesanteur au périnée. Les fonctions génitales s'accomplissaient bien et régulièrement.

» En décembre 1886, le malade est atteint de rhumatisme articulaire subaigu. A ce moment il n'y avait plus d'hémorragies, plus de tumeurs à la prostate (régulièrement hypertrophiée toutefois) et la miction se faisait bien, sans douleurs ni cathétérismes. L'attaque rhumatismale avait débuté par une éruption cutanée, puis les douleurs envahirent les articulations.

» Vers le 1er janvier 1887, les douleurs articulaires disparurent et de suite se déclara une cystite très douloureuse. Le malade était obligé de se sonder à chaque instant ; l'urine, très chargée d'acide urique, ne contenait ni pus ni sang. Au bout de quelque temps, le sang apparut en abondance dans l'urine (à la suite d'un accident de voiture), et l'hémorragie fut assez forte pour provoquer des vertiges et même une syncope. A la suite, le malade n'osait plus quitter le lit, qu'il garda environ trois semaines.

» Enfin, à la fin de janvier 1887, tout est rentré dans l'ordre. La cystite, qui avait résisté à tous les médicaments, a disparu d'elle-même. La prostate a encore augmenté de volume, mais d'une façon régulière. On ne sent plus qu'une cicatrice là où étaient autrefois les tumeurs ; il n'y a plus de vertiges, plus de douleurs, plus d'hématuries.

» Le 3 juillet 1887, les envies d'uriner sont toujours normales, les érections violentes reviennent le matin depuis deux jours. Hier, après une promenade en voiture, il y a eu évacuation de petits caillots noirs sans douleur ; le malade ne s'en est aperçu qu'en voyant les caillots dans le vase. Au toucher rectal, les deux lobes de la prostate sont égaux, celui de gauche est plus souple et sans tuméfaction. On sent encore le rebord de la cavité en déprimant. Nous conseillons au malade de continuer le régime lacté, les grands lavements matin et soir, et matin et soir les suppositoires avec jusquiame et iodoforme.

» Le malade rentre chez lui, dans son petit pays du Midi. »

Chez d'autres, le coït ne provoque aucune amélioration ; il y a même exagération dans les difficultés de la miction. Chez ceux-là, l'évacuation prostatique ne se fait pas.

Observation VIII. — « M. X..., cinquante ans environ, a depuis plusieurs années des mictions fréquentes : l'urine offre un dépôt muqueux ; il y a une sensibilité permanente au périnée. Tous ces troubles ont été considérés comme provoqués par un rétrécissement de l'urètre pour lequel il a subi l'urétrotomie interne, et cela sans aucun avantage. M. X... dit même souffrir davantage depuis l'intervention. Contre l'écoulement urétral qui se produisait dans l'intervalle des mictions et l'état trouble des urines, il a pris tous les balsamiques.

» M. Reliquet voit ce malade en juillet 1893. Il débride le méat étroit et le frein, et de suite se produit une amélioration. Il y avait alors induration du gland et de l'urètre en arrière du méat dans l'étendue de deux centimètres ; la souplesse des tissus est complètement revenue après l'opération. Les troubles urinaires qui persistent, atténués toutefois, paraissent en rapport avec l'état général du malade. C'est, en effet, un névropathe; une grande émotivité, du tremblement, des vertiges, de l'anesthésie conjonctivale, en font foi. Cependant, il n'y a pas d'anesthésie cutanée, pas d'attaques convulsives et le champ visuel paraît normal.

» En septembre dernier, le malade fait des irrigations de l'urètre et de la vessie avec l'appareil du docteur Reliquet et avec de l'eau boriquée à la température de 39 et 41 degrés. Les premières irrigations provoquent des palpitations et une angoisse vive qui dure aussi longtemps que l'irrigation elle-même.

» Les irrigations faites matin et soir sont continuées pendant trois semaines. Les dépôts muqueux de l'urine disparaissent, de même la sensibilité permanente au périnée ; les envies d'uriner s'éloignent peu à peu. Une première fois, il arrive à uriner toutes les heures et demie ou deux heures. Après trois jours d'irrigations il subit une nouvelle poussée qui rapproche les envies d'uriner, sans cependant les maintenir aussi rapprochées qu'elles étaient auparavant. Il est manifeste que les excitations pour uriner sont beaucoup chez lui sous la dépendance de l'état nerveux général. Les émotions vives, les contrariétés d'ordre familial suffisent pour les provoquer. Cependant l'état moral et nerveux du sujet s'améliore et il n'urine plus que toutes les deux heures, deux heures et demie. On constate que la vessie se dilate beaucoup plus au moment de l'irrigation et que la quantité d'urine rendue à chaque fois est plus grande.

» Il était dans ces conditions de bien-être, n'ayant plus de douleurs au périnée à un moment quelconque, ou en urinant dans la continuité de l'urètre, lorsqu'il pratiqua le coït normal. L'acte physiologique se passa bien : il n'y eut aucun incident, pas de douleur au moment de l'éjaculation. Dans l'heure qui suivit, il eut des envies d'uriner plus fréquentes, jusqu'à toutes les demi-heures ; les urines se chargèrent de mucosités, comme celles qui existaient avant, quoique moins abondantes et moins épaisses. La douleur du périnée reparut affaiblie ; il y eut douleur dans l'urètre, au moment de la miction. En un mot, le coït a provoqué le retour de tous les phénomènes morbides (troubles fonctionnels de la miction, douleurs et altérations des urines) qui existaient avant les irrigations, mais à un degré plus faible.

» Ce fait incident démontre :

» 1° Que la vessie peut se dilater ;

» 2° Que la contracture vésicale que nous avons constatée est sous la dépendance de l'état de la prostate ou des vésicules séminales ;

» 3° Que l'éjaculation a provoqué ici un retour de l'irritation des éléments glandulaires périphériques à la région profonde de l'urètre, cause immédiate de l'excitation vésicale.

» Quelque temps après, M. Reliquet apprit que le coït à la suite duquel l'excitation vésico-urétrale a reparu avec douleur au périnée et à l'extrémité de la verge, a été incomplet, du reste selon les habitudes du malade. Depuis des années, il se retirait toujours pour éjaculer. Certainement cette pratique, unie aux dispositions vicieuses qui existaient du côté du frein et du méat, a été pour beaucoup dans l'état si complexe de faux rétrécissement de l'urètre et de prostatite glandulaire douloureuse que présentait ce malade. Dans ce dernier coït incomplet, pratiqué au moment où la vessie se dilatait jusqu'à 250 grammes, où les envies d'uriner ne se manifestaient que toutes les deux ou trois heures, la réapparition brusque de tous les accidents est, tout au moins, une coïncidence des plus intéressantes.

» L'excitation vésicale à la suite de ce coït ne diminue que très lentement, malgré ces lavages vésico-urétraux qui avaient si bien réussi primitivement et les suppositoires calmants. Les envies d'uriner restent fréquentes plus souvent que toutes les heures pendant plus de six semaines, les urines sont troubles, contiennent des filaments et le nuage muqueux exactement comme avant l'amélioration. Bien entendu, l'état nerveux général semblable à celui décrit reparaît. Je cherche à modifier les sécrétions prostatiques par des capsules d'extrait éthéré de cubèbe, mais sans résultat. Le sommeil étant perdu par les fréquences excessives d'uriner la nuit, les douleurs en arrière des bourses dans l'urètre sous forme d'élancements se présentant à chaque instant la nuit et le jour, je conseille de bien vider le rectum par un lavement pris le soir et de garder 50 à 60 grammes d'eau tiède contenant trente gouttes de laudanum. Les envies d'uriner deviennent moins fréquentes ; de quatorze à quinze fois la nuit elles tombent à six et à quatre. Dans le jour, le malade peut se retenir d'uriner, et il lui arrive souvent de rester presque une heure; bientôt les espaces diurnes sont d'une heure à une heure et demie et les douleurs au périnée beaucoup moins fréquentes ; mais toujours les urines sont chargées de mucosités flottantes.

» Le 23 décembre, le lavage de l'urètre et de la vessie se fait moins facilement, il y a une excitation qui se continue après par des envies plus fréquentes et de la douleur au périnée ; cela dure pendant vingt-quatre heures. Puis, brusquement, apparition dans l'urine de filaments gros comme du petit vermicelle, de consistance épaisse et très nombreux, dit le malade. Le lavage de la vessie se fait beaucoup plus facilement, les envies d'uriner sont beaucoup moins fréquentes, il n'urine plus que toutes les heures et quart ou demie. La nuit à peine s'il urine cinq ou six fois. Il commence à croire qu'il reverra la guérison dont il a joui pendant quelque temps. »

Mais l'évacuation brusque, abondante, soit par le coït, soit par le toucher rectal de la prostate, est encore une forme aiguë d'évacuation. Il y en a une autre : c'est la forme d'écoulement plus ou moins continu, mais en somme se rapprochant beaucoup de la continuité. Alors, le linge est taché, il y a des filaments dans les urines; tout cela trouble les malheureux malades qui se livrent aux thérapeutiques chirurgicales, qu'ils supportent indéfiniment, souvent sans y trouver d'amélioration. Ce sont les sujets aux injections en nombre indéterminable, aux cautérisations locales fréquentes, etc.

Comment, chez eux, se produit cet écoulement? La dilatation de l'élément glandulaire par la masse de produits sécrétés agit forcément en dilatant les canaux d'excrétion, même les orifices de ces canaux et peut lutter en réalité contre la contraction adjuvante de fermeture de ces canaux due au spasme de l'urètre ; il en résulte nécessairement une disposition telle que le liquide de la cavité glandulaire peut sourdre dans l'urètre par l'orifice d'excrétion sous l'influence des contractions plus ou moins énergiques de l'appareil extrinsèque dans les circonstances les plus variées. De là l'écoulement chronique qui se traduit par les filaments plus ou moins volumineux dans l'urine, par les taches sur le linge, et souvent par l'évacuation spontanée de masses plus ou moins volumineuses de mucus prostatique chassé brusquement des éléments glandulaires par un effort, surtout l'effort de défécation comprenant la compression par les matières fécales ou par l'effort banal de la marche, du saut, de l'action de soulever un fardeau, etc.

La puissance de l'appareil de fermeture des orifices glandulaires dans l'urètre se trouve naturellement diminuée par la dilatation de la cavité du canal excréteur, y compris son orifice, dilatation du canal excréteur et de l'orifice constamment entretenue par la sortie spontanée des produits de sécrétion plus ou moins denses. On comprend alors que l'appareil de fermeture de l'orifice n'agisse plus suffisamment pour empêcher l'urine de pénétrer dans la glande, pour être la barrière absolue entre la cavité urétrale et la cavité glandulaire.

A ces causes de dilatation d'origine glandulaire des orifices des canaux excréteurs, s'en ajoutent d'autres d'une importance pratique très grande à connaître. Cette stagnation, cette rétention de produits de sécrétion dans les éléments glandulaires quoique le plus souvent à marche lente mettant longtemps à devenir manifeste dans beaucoup de cas, n'est pas sans produire ou être accompagnée d'un état congestif plus ou moins violent de tout le tissu prostatique et de la région profonde de l'urètre, état congestif qui augmente beaucoup le volume total de la prostate, l'élévation du col de la vessie par rapport à l'urètre et à la cavité vésicale et qui, par cela, est un facteur important dans la production de la stagnation et de la rétention d'urine. Cette congestion agit en comprimant les canaux excréteurs et les orifices glandulaires. Lorsque nous faisons cesser ou diminuer notablement le gonflement congestif souvent considérable de la prostate, en faisant cesser la rétention d'urine par l'évacuation du contenu de la vessie, la stagnation fécale par l'évacuation, par les applications de sangsues au périnée, etc., par l'usage de la sonde à demeure qui supprime d'une façon définitive les efforts pour uriner et met dans l'état de repos organique et physiologique l'appareil expulseur de l'urine, la vessie et l'urètre, lorsqu'en un mot la prostate ballonnée, ayant partout la consistance rénitente d'un tissu plein de sang, a diminué considérablement de volume et laisse percevoir au toucher rectal ses lobes avec leurs altérations, il est presque de règle qu'un écoulement prostatique se produise. Si les tissus de la prostate sont indurés, lorsque par le traitement convenablement dirigé on obtiendra leur ramollissement, alors l'écoulement prostatique se produira plus abondant ; il est toujours provoqué dans ce cas par le toucher rectal.

Nous verrons même que la production de cet écoulement prostatique est d'un pronostic favorable dans le traitement de la rétention d'urine prostatique.

Mais dans le cas qui nous occupe, cette disparition de l'état congestif de la prostate, cette évacuation spontanée des liquides accumulés dans les éléments glandulaires, même sans efforts, indique une dilatation existante ou une dilatation facile des orifices des éléments glandulaires et explique les accidents terribles d'infection qui se produisent lorsque le malade urine seul par l'urètre pendant cette période ; l'urine alors pénètre dans les éléments glandulaires, se mélange avec ces produits de sécrétion déjà purulents, y provoque une inflammation aiguë avec exagération de la purulence. Il nous est arrivé d'évacuer avec le doigt par pression sur la prostate et sur les éléments glandulaires dilatés que nous percevions les liquides contenus dans les éléments glandulaires enflammés, de laver l'urètre avec l'eau boriquée en mettant la sonde à demeure pour empêcher tout contact de l'urine avec la région prostatique et de voir cesser immédiatement l'état général infectieux, la fièvre, les douleurs locales, etc.

Il en résulte pour nous une pratique constante dans les rétentions d'urine prostatiques dont le but est d'éviter à tout prix l'entrée de l'urine dans les éléments glandulaires : mettre la sonde à demeure, faire tout pour qu'elle soit supportée convenablement, pour qu'elle ne provoque aucun spasme de la région profonde de l'urètre. Pour cela, débrider prépuce ou méat si la chose est nécesaire. Lorsque la vessie se dilate bien et qu'on n'ouvre la sonde pour uriner que toutes les quatre heures, apprendre au malade à se sonder en lui prescrivant de ne pas essayer d'uriner seul et cela le plus longtemps possible, jusqu'à ce que la tonicité des tissus ait rendu aux orifices glandulaires et aux canaux excréteurs leurs dimensions, ce qui se reconnaît à ce qu'il n'y a plus d'écoulement prostatique spontané.

Les accidents produits par l'entrée de l'urine dans les éléments glandulaires se traduisent toujours par l'inflammation violente et des troubles généraux infectieux qu'il n'est pas toujours possible de conjurer ; de là l'abcès phlegmoneux de la prostate qu'il faut évacuer le plus vite possible par l'incision périnéale ; de là ces abcès phlegmoneux et gangréneux qui présentent toujours une gravité très grande.

Il nous reste à parler de la physiologie pathologique des autres glandes de l'urètre et des voies séminales.

Ceci pourrait être fait en quelques lignes après ce que nous avons dit de la prostate. Nous préférons revenir sur ce sujet lorsque nous en arriverons à la pathologie des voies séminales, des glandes de Méry, de Littre, etc.

Conclusions. — La double fonction de l'urètre, canal expulseur de l'urine, collecteur et expulseur des produits de sécrétion de toutes les glandes périphériques de l'urètre, établit d'une façon nette, au point de vue physiologique, une relation immédiate dans ces actes fonctionnels. Ainsi au moment de l'expulsion des produits des glandes périphériques par le coït, l'urètre continuant la contraction des appareils expulseurs de ces glandes chasse et projette au dehors tous les liquides que les glandes ont déversé dans sa cavité.

Ainsi le réflexe initial qui a provoqué l'acte d'expulsion des liquides des glandes périphériques agit sur l'urètre. On comprend donc qu'une cause quelconque d'excitation de ces glandes d'origine pathologique puisse déterminer sur l'urètre, par action réflexe, une excitation et dans ce cas apparaissent les troubles fonctionnels de l'expulsion de l'urine dus aux lésions glandulaires.

La connexité de ces glandes avec l'urètre, lorsqu'elles sont placées dans les parois de ce canal (comme les éléments glandulaires de la prostate, etc.), fait qu'elles peuvent, par leur volume exagéré dû à une affection aiguë ou chronique, dévier le canal de l'urètre et entraîner des troubles d'expulsion de l'urine d'ordre tout mécanique. Dans les affections aiguës, il y a toujours les réflexes dont la résultante est l'irritation violente de l'urètre et les troubles fonctionnels de miction sont aigus.

Dans le cas de lésions chroniques se produisant lentement, comme la dilatation des éléments glandulaires de la prostate chez les vieillards, le déplacement de l'urètre se fait lentement, le col vésical ici s'élève peu à peu, la résultante de contraction des parois de la vessie ne tombe plus complètement dans l'orifice du col vésical, pendant la contraction de la vessie (1). Ici le trouble fonctionnel, d'abord longtemps inaperçu, consiste en ce que la vessie ne se vide pas, les troubles fonctionnels aigus ne se produisant que lorsque les éléments glandulaires s'enflamment ou lorsque le déplacement du col entraîne la rétention d'urine. Alors tous les réflexes agissant sur l'urètre se produisent avec l'intensité qu'on observe dans tous les cas d'inflammation aiguë des éléments glandulaires périphériques de l'urètre.

C'est ce que nous avons déjà déterminé depuis longtemps lorsque nous avons dit, dans notre étude sur les spasmes de l'urètre et de la vessie, en 1878 (2) : *Toutes les fois qu'il y a une cause d'irritation située entre le collet du bulbe et le col vésical ou dans les organes annexes (glandes périphériques, prostate, vésicules séminales), il y a contracture de la région profonde de l'urètre avec excitation de la vessie.*

Toutes les glandes périphériques de l'urètre peuvent être le siège d'inflammations et devenir un foyer d'infection se manifestant par un état général fébrile. Les causes de ces inflammations des glandes périphériques et surtout des éléments glandulaires de la prostate et des voies séminales sont extrêmement nombreuses et fréquentes. Ainsi les inflammations de la muqueuse urétrale se propageant dans les glandes et toutes les

(1) Reliquet, *Leçons sur les maladies des voies urinaires* (Ch.: *Miction*).
(2) Reliquet, *loco citato*, page 56.

irritations locales de la surface de l'urètre dans la région prostatique peuvent entraîner la suppuration des éléments glandulaires ou des voies séminales, ainsi que nous l'observons couramment.

Nous aurons souvent à parler de ce foyer de suppuration prostato-génital.

CHAPITRE III

Des prostatites glandulaires.

I

Causes générales des prostatites glandulaires. — Causes locales. Causes occasionnelles.

Maintenant, nous connaissons la physiologie et la physiologie pathologique des éléments glandulaires de la prostate; nous savons comment les liquides sont retenus dans les cavités glandulaires, comment ils en sont expulsés, et nous avons déterminé les causes des troubles fonctionnels de ces glandes, qu'ils soient dus à l'évolution des tissus provoquée elle-même par l'âge, ou à un état d'altération des tissus d'ordre pathologique ou encore à des troubles dans l'action du système nerveux, ou, à une modification dans la nature des sécrétions glandulaires.

Par cette étude, nous avons voulu attirer l'attention des praticiens sur le rôle capital, dans les prostatites, que nous devons donner à la sécrétion des éléments glandulaires. Jusqu'à ce jour, on s'en est fort peu occupé; le plus souvent, ces sécrétions prostatiques régurgitant dans la vessie et étant ensuite expulsées avec l'urine ou bien ne remontant pas dans la vessie, mais étant entraînées par le flot de l'urine qui passe dans l'urètre sur la prostate et mélangées à l'urine au moment même de la miction, sont considérées comme prenant naissance dans la cavité vésicale. Dans ses leçons sur les stagnations d'urine, M. Reliquet a donné des observations très concluantes à ce sujet. Cette étude de physiologie pathologique des éléments glandulaires de la prostate rend beaucoup plus facile et beaucoup plus positive la clinique de la prostate, ainsi que nous allons le démontrer.

Décrivons maintenant les différentes prostatites glandulaires.

Causes générales. — Il est de notion vulgaire, que les sujets lymphatiques ont des sécrétions de muqueuses plus abondantes et que, chez eux, les inflammations de ces muqueuses et de leurs glandes se produisent avec la plus grande facilité. C'est là un fait dont il faut tenir grand compte dans l'étude des écoulements urétraux et aussi bien entendu dans l'étude des inflammations des glandes de l'urètre. Il est certain que cet état général de lymphatisme muqueux constitue un terrain extrêmement favorable au développement des inflammations des glandes périphériques de l'urètre, quelles qu'elles soient et de la prostate dont nous nous occupons ici. Ce terrain, plus accentué dans sa constitution lymphatique, est essentiellement favorable à la tuberculose locale dont le praticien doit toujours être préoccupé toutes les fois qu'il est devant un écoulement urétral d'origine glandulaire durant depuis longtemps. Nous avons vu des sujets atteints d'écoulement chronique d'apparence banale avec indurations glandulaires de la prostate peu développées, peu sensibles au toucher, mais d'une constitution générale louche au point de vue de la tuberculose, dans les écoulements desquels on a trouvé des bacilles de Koch. « J'ai toujours présent à l'esprit (1) le fait que j'ai observé avec le Dr Charrier. Là, rien ne pouvait nous faire croire à autre chose que du lymphatisme; l'évolution de la tuberculose locale a été enrayée et la guérison a été obtenue par des saisons à Cauterets et l'usage du rhum créosoté à l'intérieur. » Ces états généraux, qui suffisent à eux seuls pour provoquer les suppurations glandulaires de la prostate chez des jeunes gens vierges, s'ajoutent à toutes les causes locales d'ordre génésique ou vénérien et on comprend alors combien ils peuvent avoir d'action mauvaise sur ces constitutions aux suppurations faciles. Nous ne pouvons ici passer en revue tous les états constitutionnels favorables au développement des accidents lymphatiques ou tuberculeux en les décrivant dans leurs détails. Mais nous pouvons affirmer que ces états généraux, quelle qu'en soit la variété, sont tous des terrains où les causes locales de prostatite agissent avec une déplorable facilité.

Dans les causes générales, il faut faire rentrer le rhumatisme et la goutte qui certainement se localisent

(1) Reliquet.

quelquefois, quoique rarement, sur les glandes de l'urètre. Nous en donnons déjà un exemple dans notre étude sur les faux rétrécissements (page 26). Il est certain que ces états généraux particuliers dus au rhumatisme et à la goutte, entretiennent des suppurations glandulaires d'origine vénérienne et qu'alors ces suppurations peuvent prendre des caractères plus spéciaux, s'accompagner d'indurations douloureuses de la prostate, d'arrêts de sécrétion, qui nécessitent des interventions opératoires directes. Nous nous étendrons longuement sur ces faits que nous donnerons ultérieurement.

Causes locales. — Nous avons étudié les conditions physiologiques de l'évacuation des sécrétions glandulaires prostatiques, nous avons montré comment ces glandes peuvent rester dilatées par leurs produits glandulaires, comment leur cavité se dilate par la stagnation des produits de sécrétion et même par leur rétention. Il est évident que la stagnation des liquides glandulaires prostatiques dans la cavité de ces glandes est une cause des plus favorables à l'inflammation de la glande. Toutes les conditions de trouble d'expulsion des produits de sécrétion glandulaire que nous avons données dans le chapitre précédent, qu'il s'agisse de la sclérose envahissant l'appareil expulseur intrinsèque, c'est-à-dire les fibres musculaires prostatiques, qu'il s'agisse de causes de voisinage plus ou moins éloignées comme les lésions du coccyx ou autres qui rendent impossible l'action énergique de l'appareil expulseur extrinsèque (releveur de l'anus, muscles du périnée, etc.), qu'il s'agisse enfin de causes tout à fait éloignées dont le résultat est la contraction réflexe de la région profonde de l'urètre (comme les irritations siégeant de l'extrémité de la verge au collet du bulbe), qu'il y ait une affection du système nerveux troublant l'innervation et provoquant la stagnation ou la rétention des produits glandulaires, toutes ces conditions sont des plus favorables à l'action des causes occasionnelles pour la production des prostatites glandulaires.

Il est vrai que cet état de stagnation de produits glandulaires est jusqu'à présent considéré comme de la prostatite chronique.

Il en résulte, d'après ce que nous venons de dire, que l'âge est une cause prédisposante locale de la prostatite; car l'évolution organique due à l'âge a pour conséquence immédiate l'action de moins en moins énergique de l'appareil expulseur intrinsèque (fibres musculaires de la prostate) et de l'appareil expulseur extrinsèque.

Les excitations génésiques prolongées ou trop fréquemment répétées doivent également être incriminées.

Causes occasionnelles. — La cause occasionnelle banale par excellence de la prostatite, c'est la blennorragie. Toutes les fois que l'inflammation blennorragique envahit la région profonde de l'urètre, ce qui est extrêmement fréquent, elle peut se propager dans les éléments glandulaires, y provoquer une réaction plus ou moins vive selon la nature du terrain. Elle y détermine toujours une augmentation dans la quantité des sécrétions avec altération de ces sécrétions. Cette localisation dans les glandes est un obstacle à la guérison des écoulements de l'urètre par les traitements locaux antiseptiques. Il est tout clair que la prostatite blennorragique se développera avec d'autant plus de facilité et d'intensité que les causes générales et locales seront plus nombreuses.

Les excès génésiques sont une des causes de la prostatite glandulaire; presque toujours, dans ce cas, il y a, irritation plus ou moins grande du côté des vésicules séminales.

Enfin une des causes fréquentes de la prostatite glandulaire est la rétention d'urine due à l'augmentation de volume de la prostate, la rétention d'urine prostatique.

Dans nos leçons sur les stagnations d'urine, nous avons étudié d'une façon complète la rétention d'urine due à la prostate (page 205). Déjà nous y donnons des faits de prostatite glandulaire avec hypersécrétion, altération des sécrétions qui deviennent muco-purulentes et dont les évacuations complètes coïncident toujours avec la diminution notable du volume de la prostate et la diminution dans les phénomènes de rétention d'urine lorsqu'il n'y a pas irritation inflammatoire des cavités glandulaires de la prostate provoquant l'excitation de la vessie. Dans la rétention complète d'urine prostatique, il y a toujours un état congestif considérable de la prostate et des réseaux veineux circonvoisins. Par le traitement approprié, cet état congestif diminue vite, alors, par le toucher, on reconnaît les différents lobes de l'organe et leur consistance réelle. C'est à ce moment qu'apparaissent à l'extérieur les sécrétions prostatiques, c'est à partir de ce moment aussi qu'il faut craindre l'inflammation de ces lobules glandulaires dilatés, aux parois plus ou moins sclérosées, conditions si favorables à la production de l'inflammation. C'est à ce moment encore que l'action de l'urine sur les cavités glandulaires ou même sur l'orifice de leurs canaux excréteurs peut provoquer des prostatites de la plus grande gravité. Pour lutter contre l'apparition de cette prostatite, il faut, ainsi que nous le disons dans nos leçons (page 250), favoriser l'évacuation spontanée des produits des éléments glandulaires de la prostate en faisant cesser tous les phénomènes spasmodiques capables de retenir ces produits, en cherchant à rendre aux tissus de la prostate leur souplesse normale ; enfin, en évitant à tout prix le mélange de l'urine avec les sécrétions contenues dans les éléments glandulaires, en un mot, la pénétration de l'urine dans les éléments glandulaires.

Nous venons de voir comment les éléments de la prostate peuvent devenir le siège d'une inflammation, comment les irritations de l'urètre d'origine blennorragique ou autre pénétrant dans les éléments glandulaires, y persistent avec leur nature propre, etc., si, à ces causes d'inflammation, ce qui existe le plus souvent, s'ajoute chez le même sujet les causes de stagnation des liquides contenus dans les éléments glandulaires de la prostate, et quelles que soient ces causes, ce groupe glandulaire de la prostate dont les cavités sont infectées et qui se vident mal ou ne se vident pas, constitue un foyer d'infection pouvant avoir une influence considérable sur l'organisme en général et cela d'après la nature d'origine de l'infection. C'est là un fait sur lequel nous aurons à revenir à propos des différentes prostatites.

De la prostate partent tous les genres d'infection organique générale, depuis l'infection urino-purulente, si fréquente comme terminaison de la rétention prostatique, jusqu'à l'infection blennorragique se traduisant par des altérations articulaires, rhumatoïdes, à répétition, interminables, etc.

Nous espérons que dans la suite de ce travail le lecteur comprendra la ténacité avec laquelle nous cherchons, par tous les moyens possibles, à déterminer l'évacuation des produits glandulaires prostatiques infectés.

Nous avons gardé pour l'étude de la dernière cause de la prostatite, le cathétérisme septique. L'introduction dans l'urètre, et surtout dans la région prostatique, d'instruments contaminés peut déterminer localement à la surface de la prostate et par continuité de voisinage l'inflammation septique des éléments glandulaires. Du reste, nos malades prostatiques nous en donnent malheureusement trop souvent l'exemple. Voici le fait tel qu'il se passe couramment. Vous soignez un vieillard d'une rétention prostatique. Tout va très bien; il n'y a pas eu altération des urines, l'excitation vésico-urétrale ne s'est pas produite, l'évacuation des liquides prostatiques s'est faite sans aucune espèce de réactions, la vessie restée toujours calme, se dilate très amplement, le malade se sonde trois ou quatre fois par vingt-quatre heures au plus ou même urine naturellement à des intervalles éloignés, sans cependant vider complètement sa vessie.

Ce sont là des terminaisons heureuses de la rétention d'urine prostatique aiguë.

Mais le malade est obligé de se sonder lui-même ou d'être sondé. S'il est soigneux et qu'il comprenne bien l'importance du cathétérisme aseptique, il peut vivre indéfiniment sans éprouver le moindre accident. Mais s'il s'écarte des règles de l'asepsie, il est exposé à contaminer ses voies urinaires et en particulier la prostate. Dernièrement, un vieillard de soixante-treize ans, que nous avions soigné avec le meilleur résultat d'une rétention d'urine prostatique, qui se sondait toutes les six ou sept heures, se croyant en bonne santé, s'en va faire un petit voyage d'agrément sur les côtes de l'Océan. Bientôt sa provision de corps gras aseptique pour graisser sa sonde est épuisée ; il entre chez un pharmacien quelconque, demande un corps gras quelconque pour graisser sa sonde, et, vingt-quatre heures après, il est pris d'accidents vésico-urétraux qui l'obligent à rentrer à Paris où nous constatons la prostatite glandulaire infectieuse la plus nette, avec altération des urines, etc. La pyélo-néphrite se déclara bientôt dont la terminaison fatale a été inévitable.

Ce fait brutal, que nous donnons comme exemple pour mettre en garde contre les écarts de l'asepsie, est fréquent. Cependant, il ne faut pas oublier que des sujets s'habituent au contact des instruments les moins aseptiques dans les voies urinaires, sans en éprouver d'accidents. Ils jouissent de l'accoutumance de leur organisme. Actuellement, nous ne devons plus compter sur cette accoutumance, parce que beaucoup de malades, au début de l'usage du cathétérisme pour uriner, peuvent subir les accidents les plus graves et péricliter avant d'avoir obtenu cette accoutumance organique.

II

Symptômes de la prostatite aiguë.

Toutes les fois qu'une irritation active, une inflammation aiguë, existe dans les éléments glandulaires de la prostate ou même dans un seul, qu'il s'agisse de sujets jeunes ou vieux, les troubles fonctionnels vésico-urétraux et les phénomènes douloureux qui les accompagnent sont semblables ou très analogues. Les envies d'uriner sont fréquentes, la miction souvent très difficile, provoquant des efforts plus ou moins violents, s'accompagne d'une douleur vive allant de l'anus à l'extrémité de la verge, dès que l'urine pénètre de la vessie dans l'urètre. Cette douleur se continue pendant le passage de l'urine et après, pendant un temps variable de quelques secondes à plusieurs minutes. Nous avons vu ces douleurs telles que les sujets se malaxaient la verge après la miction. Dans les cas aigus, les envies d'uriner peuvent être incessantes, et cet état douloureux violent devient ainsi continu. Toujours, ainsi que nous l'avons démontré bien des fois, la prostatite aiguë provoque l'excitation de la vessie, qui ne se dilate plus autant et le phénomène pathologique de rétention d'urine se produit, la vessie étant peu dilatée, ce qui est une cause d'augmentation dans la violence des accidents douloureux dont nous venons de parler.

Du côté du rectum il y a des sensations de poussées, d'envies violentes d'aller à la garde-robe provoquant des efforts d'expulsion sans résultat. Elles se combinent avec l'excitation vésico-urétrale douloureuse pour mettre le sujet dans un état de souffrance des plus énervants et d'une violence extrême.

Comme toutes les irritations dont le siège est à l'extrémité inférieure du rectum, la prostatite aiguë est accompagnée de phénomènes de constipation, d'arrêt des matières, qui ne franchissent l'anus qu'en provoquant des douleurs excessives.

En résumé, symptômes de rétention de matières fécales, symptômes de rétention d'urine, symptômes de l'inflammation aiguë des éléments glandulaires dans la prostate, tout cela se combine, se mélange et provoque un état d'anxiété douloureux extrême. La première idée qui vient à l'esprit est de faire cesser la rétention d'urine ou la stagnation, si voisine de la rétention. Plusieurs fois, nous avons conduit dans la vessie de petites sondes molles en gomme; nous avons été frappés de la petite quantité d'urine que contenait la vessie et notre espoir de soulager le malade pour quelques instants était vite déçu, la vessie se remplissant de cette petite quantité d'urine suffisante pour provoquer les phénomènes de rétention. Cette diminution de la cavité vésicale, nous la voyons se produire dans tous les cas de prostatite aiguë, indistinctement, quel que soit le degré de dilatation de la vessie qui existait immédiatement avant. Ainsi, dans les cas de rétention d'urine prostatique où la vessie est vaste et contient de un litre à deux litres d'urine, si la prostatite aiguë, tant à craindre immédiatement après l'évacuation de l'urine, se développe, et quelle que soit la cause de cette prostatite (suppuration des éléments glandulaires dilatés, calculs prostatiques devenant brusquement de véritables corps étrangers, etc.), de suite le degré de dilatation vésicale baisse; là où les envies d'uriner nécessitaient le passage de la sonde toutes les cinq ou six heures, il faut la passer toutes les heures et plus, pour évacuer une très petite quantité d'urine, évacuation fréquente qui est accompagnée et suivie, même se faisant par la sonde, de douleurs allant de l'anus à l'extrémité de la verge. Ce sont là des faits sur lesquels nous nous sommes étendus longuement dans notre étude sur les stagnations d'urine prostatiques, que nous ne faisons ici que rappeler à propos des prostatites aiguës.

Pendant une période symptomatique aiguë, l'urine évacuée est presque toujours altérée, trouble, contenant des filaments et très souvent sanguinolente; il arrive même, au moment des efforts d'évacuation si violents, qu'il sort par l'urètre du sang pur, le plus souvent en petite quantité. Quelquefois même, sans qu'il y ait eu de tentatives de cathétérisme, la quantité de sang pur évacué est plus abondante. Dans ces conditions, le passage de la sonde, si souple qu'elle soit, jusque dans la vessie et surtout les tentatives de cathétérisme sans résultat provoquent toujours une évacuation de sang par l'urètre souvent continue, mais surtout au moment de la miction. L'état de congestion violente des tissus explique parfaitement ces faits.

III

Symptômes généraux de la prostatite aiguë.

L'analogie parfaite qui existe dans les troubles fonctionnels locaux dans toutes les prostatites aiguës, quel que soit l'âge des sujets et la cause générale de la prostatite, n'existe plus lorsqu'il s'agit des symptômes généraux. Chez les jeunes gens et même jusqu'à l'âge adulte, la prostatite aiguë, quelle qu'en soit la cause, se traduit par une réaction inflammatoire franche, aiguë, vive; la température s'élève, l'agitation peut être très marquée, mais les phénomènes d'infection générale, les frissons, les fuliginosités râpeuses de la bouche, l'embarras gastro-intestinal avec évacuations fécales fétides, se montrent plus sûrement chez les vieillards à la suite de stagnations ou de rétentions d'urine, leurs cavités glandulaires de la prostate devenant le point de départ de l'infection ascendante de la vessie et des reins. Il est tout clair qu'entre cet état inflammatoire aigu franc, sans troubles infectieux urino-purulents, que l'on observe chez les jeunes sujets avant que la suppuration locale n'ait mis leur prostate dans les conditions de dilatation des éléments glandulaires des vieillards, jusqu'aux troubles infectieux urino-purulents des vieillards après la rétention d'urine, il y a tous les degrés dans la symptomatologie.

IV

Prostatite aiguë localisée à un lobe glandulaire.

Ce titre dénoterait un diagnostic bien ambitieux, celui de pouvoir dire, après l'examen prostatique avec le doigt, qu'il n'y a qu'un seul lobe glandulaire de malade. Nous avons voulu spécifier qu'il s'agit dans ce qui va suivre d'une inflammation localisée en un point de la prostate, le reste du tissu prostatique étant parfaitement sain, et cela qu'il y ait un, deux ou trois lobules contigus d'intéressés.

L'étude anatomique de la prostate et de la disposition de ces éléments glandulaires nous montre que chaque lobule glandulaire dont le canal collecteur se termine à un des orifices disposés en fer à cheval sur la muqueuse prostatique, est indépendant des lobules voisins. On comprend très bien qu'un de ces lobules soit le siège d'une inflammation, tous les autres restant sains. C'est là ce que nous observons d'une façon courante dans la pathologie de toutes les glandes disposées d'une façon analogue. C'est ce que nous avons rencontré chez plusieurs malades : tous avaient les symptômes douloureux, envies fréquentes d'uriner, douleurs en urinant, stagnation d'urine relative (l'envie d'uriner se produisant la vessie étant peu dilatée, et malgré cela ne se vidant pas), urines chargées de mucosités en filaments petits et courts, quelquefois d'un peu de sang, qui sort à la fin de la miction, tout cela avec la douleur très violente de l'anus à l'extrémité de la verge, avec sensibilité de l'anus et constipation, fausses envies d'aller à la garde-robe accompagnées d'efforts violents sans évacuation de matières. Comme symptômes locaux : au toucher rectal, on trouvait une tuméfaction localisée en un point de la prostate entourée de tissus sains ; le contact du doigt sur cette tuméfaction exaspérait d'une façon violente la douleur allant de l'anus à l'extrémité de la verge et la sensation du besoin d'uriner. Cette tuméfaction, bien localisée, d'abord dure et rénitente sous le doigt, se ramollit peu à peu et arrive à donner au doigt la sensation d'une masse demi-molle, plus ou moins liquide. C'est alors que la pression du doigt sur cette masse peut faire sortir et fait sortir par l'urètre le produit de l'inflammation de la glande ; ce qui fut suivi de la cessation immédiate de toutes les douleurs, et nous dirons même de tous les accidents. « Un fait typique de cette prostatite glandulaire localisée est celui que j'ai observé avec le docteur Ordenstein (1). Une première fois, mon confrère m'appelle près de son client R..., bien constitué, âgé de vingt-huit ans, qui était en proie aux douleurs vésico-urétrales les plus intenses. Cet état durait depuis plusieurs jours. Je constatai la présence d'une tuméfaction grosse comme le bout du doigt dans le lobe gauche de la prostate extrêmement douloureuse, commençant à se ramollir. Je prescrivis les grands lavements avec une longue canule en gomme, et en évacuant l'intestin ils donnèrent un soulagement relatif ; puis un petit lavement de 100 grammes de

(1) Reliquet.

mucilage de graine de lin épais comme du sirop, contenant vingt gouttes de laudanum. La nuit se passa un peu mieux que les précédentes, quoique les envies d'uriner fussent fréquentes. Cependant le malade avait conservé son lavement de mucilage de graine de lin. Le lendemain, l'examen de la prostate avec le doigt était bien moins douloureux; la pression sur la tumeur la vida dans l'urètre et il sortit par le méat un véritable bourbillon muqueux purulent gros comme le bout du doigt. Immédiatement le malade se sent soulagé. Il éprouve encore de la douleur en urinant, mais tous les phénomènes généraux de la réaction inflammatoire s'apaisant, le malade buvant du lait et de la tisane de queues de cerises, les urines deviennent aqueuses, les douleurs de la miction cessent en même temps que les envies d'uriner arrivent aux intervalles naturels. Dix ans après, le Dr Ordenstein me rappelle pour ce même malade, qui, du reste, présentait exactement les mêmes accidents ; seulement la tuméfaction de la prostate était plus étendue, elle semblait occuper au moins la moitié du lobe gauche, très dure, très saillante, très douloureuse à la moindre pression. Nous conseillons toujours le même traitement, le régime lacté, les boissons abondantes et non acides, les grands lavements matin et soir, les cataplasmes chauds de mucilage épais de graine de lin contenant soit un gramme de bromure de potassium et un gramme de chloral, soit du laudanum. Après trois jours de ce traitement, le malade s'impatiente et me dit : « Vous ne me guérissez pas aussi vite que la première fois. » Il ne s'apercevait pas que cette première fois j'étais arrivé près de lui alors qu'il souffrait déjà depuis cinq ou six jours, et que mon intervention arrivait juste au moment où l'évacuation du bourbillon muco-purulent par l'urètre, due à la compression du doigt sur la prostate, était possible, tandis que cette fois, à ses premières douleurs, il m'avait fait appeler, et que nous étions obligés d'attendre la maturité du bourbillon. M. Gosselin fut appelé; il constata, comme mon confrère Ordenstein et moi, cette prostatite localisée et conseilla au malade de patienter jusqu'à ce que l'évacuation provoquée soit possible. Le septième jour, la tuméfaction prostatique étant ramollie, la pression du doigt fit sortir le bourbillon par l'urètre. Cette fois, il était certainement beaucoup plus gros que la première et le rétablissement du malade se fit avec la même rapidité. »

Observation IX. (M. Reliquet.) — « En 1884, arrive chez moi, un dimanche, un monsieur âgé de trente à trente-cinq ans, se lamentant beaucoup, souffrant violemment d'envies fréquentes d'uriner, de douleurs en urinant, d'élancement, allant de l'anus à l'extrémité de la verge. Ce malade a subi la lithotritie il y a cinq ans à Vienne; il allait très bien lorsqu'il a été pris d'écoulement prostatique il y a cinq mois. Depuis quelques jours, une exacerbation avec les symptômes que nous avons indiqués. Il me dit que cela durait depuis plusieurs jours et que personne ne l'avait soulagé. A mon examen du rectum, je constate la tuméfaction localisée semi-fluctuante dans le lobe droit de la prostate, je le comprime, et de suite il sort par l'urètre un bourbillon muco-purulent. La douleur est immédiatement atténuée, la miction qui suivit fut relativement peu douloureuse, et mon succès près de ce malade fut complet : car le lendemain, quand je le vis, il ne souffrait plus du tout. J'étais encore là arrivé juste au moment où l'intervention était possible. »

Ces faits, que nous pourrions multiplier, suffisent

pour montrer que chez des individus de constitution saine et encore relativement jeunes, une inflammation peut se localiser dans un ou deux lobules de la prostate et y produire un gonflement et des troubles fonctionnels de miction et de défécation des plus douloureux. « Toutes les fois que je me suis trouvé devant ces cas, en raison de la nature des bourbillons évacués de la localisation et de la marche de la maladie, j'ai toujours comparé cela au furoncle (1). »

Dans ces cas de prostatite localisée, il a été très difficile de déterminer exactement la cause ; les individus étaient relativement jeunes, il n'y avait pas d'écoulement urétral antérieur, ils ne présentaient aucun caractère de lymphatisme. Chez l'un d'eux, celui observé avec le Dr Ordenstein, on pouvait peut-être attribuer les accidents à des habitudes d'érections prolongées, mais habituellement les prostatites qui en résultent n'ont point ces caractères de localisation.

Le fait le plus singulier et en même temps le plus important, c'est la rapidité de la guérison qui est presque instantanée dès que le muco-pus épais, semblable à un bourbillon, a été évacué. Au bout de trois ou quatre jours, il ne reste aucune trace ni fréquence de miction, ni douleurs en urinant, ni expulsion de muco-pus mélangé à l'urine, ni écoulement en dehors des mictions. Ainsi le contact de l'urine dans l'urètre au niveau du point malade avec l'orifice de la cavité d'où est sorti ce bourbillon, ne provoque aucune douleur. On est en droit de conclure que cet orifice s'est

(1) RELIQUET.

refermé et il vient naturellement à l'esprit que c'est par l'orifice naturel dilaté du lobule glandulaire que le bourbillon a été évacué. Nous reviendrons sur ce fait lorsque nous étudierons la physiologie pathologique des accidents consécutifs aux prostatites suppurées.

V

Prostatite aiguë généralisée.

Cette localisation si nette dans un lobe glandulaire est loin d'être la règle et la prostatite plus généralisée est de beaucoup plus fréquente. Il est vrai qu'elle est presque toujours le résultat d'une infection locale due à la propagation par continuité de l'inflammation blennorragique aiguë, ou bien à une poussée aiguë d'une prostatite glandulaire généralisée due à la blennorragie. Nous ne parlons pas ici des causes diathésiques (tuberculose, scrofule, goutte, rhumatisme), nous cherchons à décrire la prostatite généralisée se développant chez un sujet sain, devant, dans des chapitres ultérieurs, insister sur la marche de cette affection dans les cas de diathèses.

Il peut arriver que sans blennorragie antérieure, sous l'influence d'excitations génésiques prolongées et rapprochées, il y ait une véritable inflammation des éléments glandulaires de la prostate. Nous en avons observé quelques cas chez des sujets qui disaient n'avoir jamais eu de chaude-pisse; mais cela est très rare. Dans le cours de la phase aiguë et violente de la blennorragie, brusquement l'état douloureux prend une acuité excessive ; les envies d'uriner très pénibles, très douloureuses, sont incessantes, les efforts d'évacuation sont très violents, très douloureux, le malade ne peut pas les atténuer, l'urine ne s'écoule que par petites quantités et souvent elle est sanguinolente. La douleur se continue après la miction. Nous avons vu des malades qui n'avaient pas de repos entre chaque évacuation d'urine. Puis, cette excitation violente pour uriner s'accompagne de l'excitation non moins violente pour aller à la garde-robe. Les fausses envies d'aller à la selle sont constantes. En tout cas, les matières accumulées dans le rectum, au-dessus de la prostate, surexcitent et provoquent ces efforts de défécation sans résultat. Ce fait de stagnation fécale tient à la tuméfaction de la prostate, qui brusquement devient considérable, et aussi à la sensibilité de cet organe qui est très exagérée. Le toucher rectal fait reconnaître une tuméfaction généralisée de la prostate, qui est comme ballonnée, remplissant, pour ainsi dire, le rectum, et cela même chez les jeunes gens. Le doigt est obligé de suivre de près la paroi postérieure du rectum et la courbure sacrée pour contourner la tuméfaction de la prostate et en faire l'exploration. La consistance générale de la prostate est uniforme ; la pression de la pulpe du doigt sur un quelconque de ses points exaspère la douleur, déjà très grande, produite par la présence du doigt dans le rectum. Il y a même souvent douleur à la palpation du périnée en avant de l'anus. Le malade ne peut pas s'asseoir. Du côté de la vessie, il y a presque toujours stagnation d'urine, mais avec dilatation très faible de la vessie. Plusieurs fois nous avons observé la rétention complète d'urine qui a nécessité l'introduction d'une sonde en gomme très molle; toujours, dans ces cas, la vessie ne contenait qu'une petite quantité d'urine (500 grammes au plus, ordinairement 200 à 300). Ici, les phénomènes de rétention d'urine se produisent la vessie étant peu distendue, ainsi que nous l'avons démontré dans notre étude sur le spasme de l'urètre et de la vessie et sur les stagnations d'urine. Nous ne connaissons guère d'état douloureux aussi violent, avec exacerbations aussi fréquentes, que celui causé par la prostatite aiguë. Les sujets arrivent à être dans un état d'énervement atroce et de fatigue excessive. Avec ce que nous venons de dire, il arrive souvent qu'il y ait des turgescences de la verge, de véritables érections très douloureuses.

L'on n'a guère observé la marche naturelle de cette affection sans qu'il y ait eu intervention active. En tous cas, laisser cette prostatite livrée à elle-même avec cette intensité, c'est évidemment exposer le sujet aux accidents les plus graves. On comprend que le malade puisse lutter jusqu'au soulagement par l'ouverture spontanée de l'abcès, soit dans l'urètre, soit dans le rectum. On ne comprend guère que la résolution de cette inflammation aiguë par évacuation des éléments glandulaires dans l'urètre puisse se produire spontanément.

Il est donc nécessaire d'intervenir immédiatement et énergiquement pour provoquer le dégonflement de la prostate, pour avoir l'évacuation complète des matières fécales, pour rendre plus facile et moins douloureuse l'évacuation de l'urine. Quelle que soit la constitution du sujet, l'évacuation sanguine locale s'impose. Pour agir plus sûrement, il faut mettre des sangsues immédiatement en avant de l'anus, sur le raphé médian du périnée, au confluent le plus accessible de la circulation veineuse de la prostate et de l'urètre. Nous mettons dans ce point les sangsues une par une ou deux par deux; quand les premières tombent, on met les secondes et ainsi de suite, jusqu'au nombre de huit ou dix et même plus, selon les cas. Cette évacuation sanguine dure longtemps (six à huit heures); elle provoque toujours une sédation notable dans les phénomènes douloureux.

Avant tout, il faut vider l'intestin et le maintenir vide de matières solides. Pour cela, donner le lavement avec la longue canule en gomme, conduite très haut en ne laissant arriver le litre de liquide tiède que très lentement dans l'intestin pour obtenir la tolérance et faire que les matières soient ramollies en s'imprégnant lentement du liquide. Naturellement, on mettra dans l'eau du lavement de la glycérine, ou du gros miel, ou tout autre ingrédient laxatif.

L'intestin vidé, on introduira au-dessus de la prostate, avec la canule en gomme et une seringue, un topique calmant. Ici, le véhicule joue un grand rôle. Il faut qu'il empêche toute irritation produite par le médicament sur la muqueuse. Nous nous servons souvent d'une émulsion à consistance de sirop de graine de lin, dans laquelle on incorpore le médicament, laudanum à hautes doses, au besoin bromure de potassium, chloral, etc., selon les conditions générales du malade.

Nous employons aussi souvent une émulsion de camphre formulée ainsi :

Camphre. . . . . . 20 centigrammes.
Jaune d'œuf pour émulsion.
Eau . . . . 80 grammes.

Ajouter *ad libitum* extrait de jusquiame ou laudanum.

Cette émulsion, légèrement tiédie, sera conduite haut dans le rectum avec la canule à lavement et une seringue.

Du côté des voies urinaires, il faut avoir l'urine la plus abondante possible, la plus aqueuse possible. Moins les urines seront chargées de principes solides, plus la vessie se dilatera, les envies d'uriner seront moins fréquentes et les douleurs en urinant seront atténuées. Aussi faut-il mettre les malades au régime lacté et même au lait coupé avec de l'eau d'Évian. Au besoin, on donnera des tisanes diurétiques et en particulier un mélange, à parties égales, d'eau claire de graine de lin préparée à froid et de tisane de queues de cerises. Il va sans dire que les grands lavements avec la longue canule, pris le malade étant couché, seront donnés matin et soir pour maintenir le rectum libre et pour faire que les cataplasmes médicamenteux rectaux donnés matin et soir, après le grand lavement rendu, soient bien gardés.

Ordinairement, sous l'influence de ce traitement, lorsque l'on est arrivé à temps, les troubles fonctionnels si douloureux s'atténuent, le malade a des instants de repos, et l'on a chance de voir cette prostatite se terminer par l'évacuation spontanée, ou provoquée par la pression du doigt des sécrétions purulentes accumulées dans les éléments glandulaires. Dès que, spontanément, il sort par l'urètre des petites masses purulentes, ou muco-purulentes épaisses, d'un jaune-vert uniforme, adhérentes au fond du vase de l'urine ou constituant une tache épaisse accolée au linge sans l'imprégner, on est presque sûr d'avoir la résolution par évacuation spontanée sans lésions de tissu consécutives. Ces espèces de petits bourbillons sont de plus en plus nombreux et toujours leur évacuation est suivie d'un état local et général meilleur. Bien des fois, lorsque cette évacuation se fait depuis un jour ou deux, le doigt, dans le rectum, reconnaît que le gonflement primitif de la prostate a considérablement diminué, que les tissus ne sont plus tendus sous le doigt, que même ils se laissent déprimer, que la pression du doigt chasse, pour ainsi dire, le contenu de la prostate dont les tissus se dépriment, et cela sans douleurs réelles. A ce moment, on voit sortir par l'urètre du muco-pus épais plus ou moins abondant. Cette évacuation, provoquée par la pression du doigt, est toujours suivie d'une amélioration notable du côté du rectum et du côté de la vessie. C'est la première grande étape vers la guérison. Cependant, il faut redoubler de vigilance pour qu'il n'y ait pas à nouveau infection des cavités glandulaires de la prostate. Le régime lacté et les tisanes seront maintenus d'autorité. Il est d'une importance capitale que les urines soient aussi aqueuses que possible, que l'excitation pour uriner ne reparaisse pas. Pour cela, il faut que l'urine n'irrite pas les éléments glandulaires de la prostate, si elle y pénètre par leurs orifices momentanément élargis.

Malgré tout, ces cavités glandulaires enflammées sécrètent à nouveau du muco-pus qui est évacué en partie spontanément et que le doigt peut faire sortir par compression.

Technique de la compression de la prostate par le doigt. — Nous aurons souvent l'occasion de parler de la pression faite avec le doigt sur la prostate, provoquant l'évacuation des liquides contenus dans les éléments glandulaires. Cette petite manœuvre opératoire n'est pas banale; elle ne doit pas être faite sans indications précises données par les sensations perçues par le doigt lui-même. Toute brutalité, toute pression violente sont absolument interdites. Elles pourraient provoquer une excitation grave et persistante dans nombre de cas. Pour être autorisé à comprimer avec la pulpe du doigt un point de la prostate, il faut que ce point présente une certaine rénitence molle, cédant sous le doigt à la moindre pression, se laissant déprimer, et que le doigt ait la sensation de l'affaissement des tissus qui diminuent de volume, ou de la déplétion d'une cavité qui se vide. Si ces sensations ne sont pas perçues et ne commencent pas à être perçues dès le début de la pression du doigt, celle-ci doit être immédiatement arrêtée. Si, au contraire, ces sensations sont perçues dès le début de la pression du doigt, celle-ci peut être continuée. Elle provoque chez le malade une sensation de passage de matières dans l'urètre et souvent, pendant la pression, les liquides venant de la prostate sont évacués par le méat. Quelquefois l'évacuation de ces liquides ne se fait que le malade étant debout.

Enfin, les liquides de la prostate évacués spontanément sont plus clairs; ils contiennent encore des stries purulentes. Le liquide chassé par la pression du doigt présente une transparence opaline avec stries purulentes. Manifestement, la sécrétion prostatique se rapproche de l'état normal. Ici, il faut penser à la prostatite glandulaire chronique, si fréquente et si difficile à guérir, et chez ces malades, quand tout état aigu a disparu, quand les envies d'uriner sont revenues aux intervalles normaux, que l'évacuation de l'urine n'est plus douloureuse, qu'il n'y a plus aucune espèce de trouble du côté du rectum, que l'hypersécrétion prostatique seule existe, selon les conditions générales du sujet, nous donnons à l'intérieur le médicament balsamique qui convient, tout en maintenant les boissons abondantes; chez les lymphatiques, la créosote; chez les autres, surtout le santal. Nous n'avons jamais vu une prostatite glandulaire chronique faire suite à l'état aigu, en prenant ces précautions.

Voilà la terminaison heureuse de la prostatite glandulaire aiguë. Tout rentre dans l'ordre; les canaux excréteurs et leurs orifices dans l'urètre se sont dilatés et ont laissé passer les produits glandulaires plus ou moins denses. Puis ils se sont rétractés, ont repris leurs conditions anatomiques et physiologiques normales et cette affection, si terrible au début, à si grand fracas de troubles fonctionnels douloureux, ne laisse aucune trace.

Il n'en est pas toujours ainsi. De véritables abcès

peuvent se produire malgré tout et alors ils entraînent des altérations de tissu qui peuvent laisser des traces durables et maintenir des troubles fonctionnels. Ces abcès glandulaires de la prostate s'ouvrent spontanément, soit du côté de l'urètre, ce qui est le cas le plus fréquent, soit du côté du rectum et du périnée. Autrefois, quand il existait une collection purulente de la prostate bien constatée dans ces états aigus, le chirurgien cherchait à l'ouvrir par l'urètre en passant des sondes de formes variées. Toutes ces manœuvres ont été justement abandonnées. Elles sont incertaines et exposent à des lésions inutiles et nuisibles. Quant à l'ouverture chirurgicale directe par le rectum, elle est également à repousser. Nous sommes tout à fait de l'avis de M. Segond, il faut aller trouver l'abcès phlegmoneux de la prostate par le périnée. C'est là le véritable moyen pour éviter les pertes de substance de la paroi de l'urètre au niveau de l'abcès et la cavité suppurante urétrale consécutive. Dans l'ouverture spontanée du côté du rectum et du périnée, on a à craindre la fistule persistante par déperdition de tissu et même la fistule urinaire urétro-prostato-rectale telle que l'un de nous en a observé et publié un fait (1). Dans ce cas, il peut y avoir perte de tissu du côté de l'urètre et du côté du rectum; alors, c'est une fistule présentant de grandes difficultés pour la guérison. Ou bien, il n'y a pas perte de substance du côté de l'urètre, mais l'orifice du conduit excréteur du lobule

(1) Reliquet, *Fistule urétro-prostatique périnéale et rectale*. Brochure, 1884.

glandulaire qui a suppuré reste dilaté et laisse passer l'urine ; tel est le cas dans le fait dont nous venons de parler et que nous reproduirons dans ce travail.

VI

Prostatites avec éléments glandulaires dilatés.

Dans notre étude de la physiologie pathologique de la prostate, nous avons longuement insisté sur les causes nombreuses qui provoquent la dilatation des éléments glandulaires de cet organe et par cela même la stagnation ou la rétention des produits de sécrétion dans ces cavités glandulaires. En lisant ce chapitre, il est impossible de ne pas en prévoir de suite les applications pathologiques et de ne pas en tirer de nombreuses applications pratiques dans le traitement des prostatites.

Il est fréquent de voir des sujets qui se plaignent de perdre par l'urètre des mucosités épaisses au moment de l'effort de défécation et surtout du passage du bol fécal contre la prostate. A chaque instant, nous sommes consultés par des gens qui ont des écoulements chroniques, chez lesquels le toucher rectal fait reconnaître, malgré leur âge peu avancé, un état anormal dans la consistance et le volume de la prostate, et surtout fait sortir par l'urètre des mucosités prostatiques plus ou moins abondantes, plus ou moins purulentes.

L'absence de pus dans les sécrétions d'origine prostatique permet de diagnostiquer soit l'hypersécrétion prostatique, qui s'accompagne toujours d'un peu de dilatation, soit une dilatation glandulaire sans inflammation des cavités, due à une des causes nombreuses sur lesquelles nous allons revenir.

Les cas d'hypersécrétion simple avec écoulement spontané de liquide prostatique clair ou avec expulsion par la pression du doigt ou la pression dans l'effort de défécation, se rencontrent chez les gens qui se livrent aux excitations génésiques fréquentes et prolongées, et aussi, à un autre extrême, chez les sujets qui ont des désirs génésiques qu'ils ne satisfont point. Les faits sont très nets chez les hommes qui, brusquement, pour une raison quelconque, suppriment leurs habitudes de rapprochements sexuels. Dans toute cette catégorie de sujets, il n'y a pas affection proprement dite, il y a trouble fonctionnel, non seulement dans les sécrétions glandulaires et dans l'expulsion de ces sécrétions, et même trouble fonctionnel concomitant de la miction (1) : envies fréquentes d'uriner, même douleurs en urinant, gonflement de la verge à la fin de la miction, chatouillement à l'extrémité de la verge après avoir uriné, irritation, démangeaisons autour du gland et au frein; en résumé, tous les signes d'une des formes de colique spermatique dont nous aurons à nous occuper; mais ici nous ne devons parler que de ce qui concerne la prostate.

A côté de ces faits, qui font la transition entre l'état physiologique et l'état pathologique, il y a les cas où la dilatation des éléments glandulaires avec stagnation

(1) Observations dans le *Mémoire sur les coliques spermatiques*.

des produits de sécrétion, sans altération de ces produits de sécrétion, tient aux dispositions vicieuses provoquant une irritation de l'extrémité de la verge ou une gêne dans l'expulsion des produits de sécrétion. Toutes les malformations qui provoquent une irritation de l'extrémité de la verge ont pour conséquence le spasme de la région profonde de l'urètre, simulant si facilement le rétrécissement vrai, et déterminent la rétention des produits de sécrétion dans les éléments glandulaires de la prostate. Les faits que nous allons relater bientôt le démontreront d'une façon absolue. « Un homme de haute intelligence avait cette hypersécrétion normale des glandes prostatiques; le frein était très court et le méat très haut placé sur le gland. Je lui fis la section du frein et le débridement du méat. Cet homme avait alors quarante-six ans. Après guérison, l'écoulement prostatique disparut; le doigt, comprimant la prostate, ne faisait plus sortir de sécrétions par l'urètre, les envies d'uriner étaient moins fréquentes, mais le sujet me fit observer qu'avant d'être opéré il avait souvent, à l'extrémité de la verge, une sensation plutôt agréable de prurit qui l'excitait au coït, que, depuis, cette sensation ne se produisait plus spontanément et il la regrettait, malgré l'ennui que lui causait l'écoulement parfaitement clair et indemne de pus et les quelques envies plus fréquentes d'uriner qu'il éprouvait. »

Il n'est pas impossible, la stagnation des produits de sécrétion dans les éléments glandulaires de la prostate coïncidant toujours dans ce cas avec une certaine réplétion des voies séminales proprement dites, c'est-à-dire des vésicules séminales, que le fait consistant à ne pas vider complètement les cavités glandulaires et les vésicules séminales par le coït en raison des dispositions anormales de l'extrémité de la verge, fasse que cette disposition anormale de l'extrémité de la verge rende les besoins de coït plus fréquents.

Les causes de la stagnation des sécrétions dans les éléments glandulaires de la prostate, ne sont pas seulement localisées à l'extrémité de la verge. Il y a celles dues à l'insuffisance des appareils expulseurs extrinsèques (muscles du plancher du petit bassin, os où s'attachent ces muscles, muscles de la paroi abdominale). Dans ces cas la sécrétion s'accumule dans les éléments glandulaires, augmente le volume et la consistance de la prostate dans des proportions considérables et, pour peu que le sujet soit d'un certain âge, peut faire croire à une hypertrophie des plus graves.

Nous avons déjà parlé d'un malade chez lequel (ostéomalacie sénile des plus douloureuses avec fracture du coccyx) l'augmentation de volume et de consistance de la prostate avaient pu faire croire à un cancer de cet organe.

Voici un fait analogue chez un homme de trente ans (1) : « A la suite d'une chute sur le coccyx, il eut une douleur permanente en arrière de l'anus lui rendant très difficiles les évacuations rectales et lui donnant des douleurs violentes au moment de la contraction des muscles du plancher du petit bassin. L'érection lui donnant de la douleur dans le coccyx, les

(1) Reliquet.

rapports sexuels étaient absolument impossibles. Voyant un écoulement muqueux se produire, il vint me consulter. Je constatais qu'il n'y avait aucune espèce de purulence, que la prostate était grosse; la pression en faisait sortir par l'urètre un liquide absolument clair, assez abondant. Dès que le doigt dans le rectum touchait au coccyx qui avait été comme courbé encore, suivant sa direction, il y avait une douleur violente localisée en arrière de l'anus. Le coccyx était mobile dans cette position vicieuse. Bien entendu, je lui conseillais de ne pas se préoccuper de son écoulement, qu'il disparaîtrait naturellement lorsque, guéri de sa lésion du coccyx, il pourrait coïter facilement. »

Ces états de dilatation glandulaire avec stagnation ou rétention des produits normaux de sécrétion, constituent les dispositions organiques les plus favorables au développement de la prostatite glandulaire quelle qu'en soit la cause déterminante, locale ou générale. En effet, qu'une inflammation quelconque se propage par les orifices glandulaires dans ces cavités : blennorragie ou infection produite par un cathétérisme septique, ou pénétration d'urine plus ou moins septique dans les éléments glandulaires, ou irritation des orifices des éléments glandulaires par des urines plus ou moins altérées, ou traumatisme d'un cathéter trop volumineux, etc., on voit de suite avec quelle énergie l'irritation inflammatoire due à toutes ces causes peut se développer dans ces éléments glandulaires, chacun constituant un véritable cloaque de produits purulents plus ou moins infectieux dont l'expulsion complète et le lavage de la cavité qui les contient sont à peu près impossibles.

Depuis longtemps M. Reliquet dit toujours : la prostate est un des foyers d'infection des plus faciles à se produire, extrêmement difficile à guérir. Pour arriver à tarir ces foyers d'infection, ce que nous savons des causes de stagnation ou des rétentions des liquides dans les éléments de la prostate trouve ici son application immédiate et nous en donnerons des faits précis.

Les causes générales de la prostatite trouvent aussi dans cette disposition des éléments glandulaires un état favorable à leur localisation. Il nous est arrivé plusieurs fois de favoriser et même de provoquer presque instantanément l'évacuation de pus tuberculeux contenu dans les éléments prostatiques en faisant disparaître les causes d'irritation de l'extrémité de la verge due à une des malformations dont nous avons parlé.

ÉTUDE DES PROSTATITES

SUIVANT LES AGES

Prostatite glandulaire des jeunes. — Nous entendons dans ce cas par sujets jeunes ceux chez lesquels l'évolution organique n'est pas arrivée à la période de déclin, ceux qui ne présentent aucune trace de sclérose sénile dans un tissu quelconque de leur économie.

La prostatite glandulaire peut s'observer même chez les sujets jeunes qui n'ont jamais coïté. Nous en avons observé plusieurs cas sur des jeunes gens de quatorze à seize ans; il est vrai que toujours il s'agissait d'une manifestation lymphatique ou vraiment tuberculeuse. Chez ces individus jeunes les causes d'irritation à l'extrémité de la verge entretenaient la dilatation glandulaire exactement comme chez les plus âgés ainsi que le démontre ce fait :

Observation X. (M. Reliquet.) — « M. B... dix-huit ans, mais imberbe, petit quoique assez bien musclé, paraissant avoir quinze ans, n'a jamais coïté. Il me consulte parce qu'il a de très grandes difficultés pour uriner et qu'il est menacé de rétention.

» Je constate un prépuce très étroit, bridant le gland à l'état de repos et dont il ne recouvre que la moitié. Au-dessous du prépuce, matière sébacée répandant une odeur violente. Le malade me dit qu'il n'a jamais découvert complètement son gland. Le méat est étroit et placé haut sur le gland sans être recouvert par le prépuce.

» La prostate est volumineuse, ballonnée, sensible à la pression. On n'y perçoit pas de nodosités; la consistance ferme est générale.

» Je me borne à inciser le prépuce sur le dos de la verge jusqu'au cul-de-sac d'un coup de ciseaux. Immédiatement le gland se redresse, le méat devient plus haut placé sur le gland, les lèvres de la plaie s'écartent violemment et muqueuse et peau s'adossent naturellement l'une à l'autre, la section faite se plaçant de chaque côté de la face dorsale du gland. Immédiatement je nettoie avec une solution de sublimé les matières sébacées infectes qui étaient autour de la couronne du gland. Dès que le gland a été découvert, la section du prépuce étant faite, il a été le siège d'une sensibilité absolument exagérée; le moindre contact d'un linge, de la chemise, provoquait des plaintes et, disons-le tout de suite, cette sensibilité a duré très longtemps.

» Le pansement a été fait avec de la vaseline boriquée et cocaïnée et de la gaze iodoformée.

» Pendant une huitaine de jours, les difficultés pour uriner étaient moindres. Elles nécessitaient moins d'efforts. A la percussion de l'hypogastre, on reconnaissait que la vessie se vidait mieux, mais cependant pas complètement. Au toucher rectal, l'état de la prostate était absolument le même. Bientôt les difficultés pour uriner, qui n'avaient fait que diminuer, devinrent tout aussi fortes. Alors je fis le débridement du méat. Nous étions au vingtième jour après l'opération du prépuce et la sensibilité de la surface du gland n'avait pas encore disparu.

» Aussitôt après le débridement du méat, les éléments glandulaires de la prostate commencèrent à se vider. Il y eut d'abord expulsion de filaments muco-purulents sanguinolents, puis de pus. Alors apparut une excitation vésico-urétrale : mictions fréquentes, douleurs en urinant surtout en finissant d'uriner.

» Avec les douleurs de miction, la sensibilité de l'extrémité de la verge persiste toujours; le contact de la chemise sur le gland n'est pas supporté. La recherche du bacille de Koch est négative.

» Après quelques jours d'expulsion de mucosités purulentes prostatiques, je trouve la prostate diminuée de volume. Elle est devenue plus souple. Pour calmer les excitations pour uriner j'emploie les suppositoires avec :

Jusquiame	5 centigrammes
Iodoforme	10 centigrammes
Beurre de cacao	3 grammes

mis matin et soir, le rectum ayant été vidé par le grand lavement.

» L'amélioration de ce malade, que j'avais soigné dans le courant de février et mars, ne fut sérieusement obtenue que l'été et surtout par une saison à Cauterets. »

Observation XI. (M. Reliquet.) — « En février 1879, mon collègue de la Société de médecine de Paris, le Dr Périn, m'adresse un jeune malade âgé de dix-sept ans, très peu développé, n'ayant aucune espèce d'irritation à l'extrémité de la verge, qui se plaint de douleurs en urinant, de mictions fréquentes et impérieuses, de rendre du sang en finissant d'uriner; les urines sont chargées de pus.

» En marchant, il éprouve des douleurs dans le flanc gauche et l'aine gauche. Il n'y a jamais eu de coït.

» Le lobe droit de la prostate, dur, bosselé, se consume avec la vésicule séminale du même côté, qui elle-même est dure et bosselée. Il sort une certaine quantité de pus par l'urètre au moment du toucher prostatique. Je donne au malade le grand lavement matin et soir avec la longue canule, puis le suppositoire avec de la jusquiame. A l'intérieur le rhum créosoté (7 grammes pour 500), une cuillerée à bouche matin et soir dans un verre d'eau en mangeant.

» En avril 1879, sous l'influence du traitement, les douleurs de miction ont diminué, les envies d'uriner se sont espacées de plus en plus, les urines contiennent beaucoup moins de pus, les mictions deviennent normales. Ce malade va, à la fin de juin, à Cauterets. A son retour, les deux lobes de la prostate sont égaux, il n'y a plus d'induration notable. Le 22 août 1879, le malade se plaint de rendre après chaque miction, dans son pantalon, un peu d'urine mélangée de pus. Je lui conseille de reprendre la créosote, les grands lavements et les suppositoires. Le 28 juin 1880, le jeune homme a beaucoup grandi, mais, me dit-il, il a perdu deux kilogrammes depuis deux mois. Il a eu des pertes séminales dont les taches sur le linge étaient jaunes. Spontanément, il y a de temps en temps expulsion d'une gouttelette de pus jaune tachant la chemise. Depuis trois semaines il a de la difficulté à uriner, l'urine arrive lentement, puis le jet est franc, quelquefois il y a picotement à l'extrémité de la verge en finissant d'uriner. Douleur à la base du thorax due à la parole prolongée ou à la fatigue. Quelquefois fatigue très grande dans les jambes, un peu de difficulté à se tenir longtemps debout. A souvent le sommeil agité. Au toucher rectal, la prostate, encore grosse, est symétrique; la consistance en est uniforme et assez souple.

» Je suspens le rhum créosoté dont il a pris tout l'hiver deux cuillerées par vingt-quatre heures. Il prend de 2 à 4 grammes de bromure de potassium dans les vingt-quatre heures pour calmer son état nerveux et je conseille de reprendre les grands lavements quotidiens. Je revois ce malade le 23 juin 1881. Il a voyagé pour le commerce sans accident. Les pertes séminales ont toujours été de couleur jaunâtre et suivies de battements de cœur. La prostate a diminué, le lobe droit présente quelques points indurés, mais il n'y a pas d'écoulement de liquide par l'urètre provoqué par la pression du doigt sur la prostate. Le malade reprend le rhum créosoté à la même dose que précédemment, les grands lavements et les suppositoires avec jusquiame et iodoforme et va faire une nouvelle saison à Cauterets.

» Le 14 juin 1882, le sperme ne contient plus de pus, les mictions ont lieu à des intervalles normaux, il n'y a plus de battements de cœur après les pertes séminales (quelquefois un peu de gêne précordiale et de douleurs de tête). Au toucher rectal, la prostate est symétrique, mais il y a encore dans le lobe droit un peu d'induration.

» *14 février 1883.* — Après des excès de coït, une nuit passée au bal, a eu un peu de chaleur en urinant; il vient me trouver très anxieux. Je lui avais souvent fait peur en lui disant que, chez lui, la chaude-pisse pourrait être grave; l'irritation a disparu en deux jours.

» Depuis j'ai revu ce malade, très bien développé, qui n'a plus aucun accident, ainsi que mon confrère le Dr Périn l'a constaté. »

Chez ce malade, bien entendu, il n'y a jamais eu introduction dans l'urètre de quoi que ce soit (injections, sondes, etc.) et cependant, il a eu une véritable prostatite glandulaire suppurée avec troubles vésico-urétraux. Les causes locales doivent être ici écartées. Évidemment c'est une localisation probable de la tuberculose; à l'époque nous ne connaissions pas encore le bacille de Koch.

Ainsi les prostatites glandulaires avec dilatation des éléments glandulaires peuvent exister chez des individus jeunes qui n'ont jamais coïté. Chez le second malade, en faisant abstraction des évacuations abondantes de pus du début avec induration très marquée du lobe droit de la prostate, il y a eu pendant une période de plusieurs mois un écoulement purulent constitué par des taches isolées, gommant le linge, qui pendant cette période pouvait donner le change et faire croire à un écoulement blennorragique chronique.

Maintenant occupons-nous des prostatites chez les individus jeunes qui ont coïté.

Les prostatites glandulaires chez les individus qui ont coïté sont d'une très grande fréquence et présentent tous les degrés possibles d'intensité, depuis l'hypersécrétion prostatique presque sans inflammation réelle jusqu'à la sécrétion purulente évacuée par masses de temps en temps sous l'influence d'un effort quelconque. Dans l'ordre symptomatique des troubles fonctionnels, on voit des gens qui portent leur prostatite presque indéfiniment sans en éprouver aucune gêne, soit dans l'acte d'uriner, soit dans l'acte du coït; et à l'autre extrémité se trouvent les sujets chez qui la prostatite détermine des troubles fonctionnels fréquents ou presque continus dans l'acte d'uriner (mictions douloureuses et fréquentes) et des douleurs au moment de l'érection et le plus souvent de l'éjaculation.

Voilà un champ très vaste de pathologie où les divisions nettes, précises, dans les degrés d'intensité, sont à peu près impossibles; chaque cas demanderait presque une description spéciale.

Ajoutons que ces inflammations des cavités glandulaires entraînant un foyer de stagnation de muco-pus ou de pus deviennent une cause d'infections générales variées qui entraînent chez les sujets des accidents éloignés périphériques tels que les arthrites, les polyarthrites, les lésions des séreuses, etc.

Il va sans dire que ces foyers prostatiques infectieux provoquent souvent des accidents fébriles avec température plus ou moins élevée, pouvant être très graves. Sans préjuger de la nature de ces états rhumatoïdes ou rhumatismaux, souvent décrits sous le nom d'arthrite urétrale, d'arthrite blennorragique, nous croyons qu'il faut faire disparaître complètement la stagnation des produits de sécrétion dans les éléments glandulaires de la prostate, avant tout, si on veut arriver à les guérir (1).

Nous avons vu, que sous l'influence d'excès de coït prolongés, l'inflammation des éléments glandulaires de la prostate pouvait se produire d'une façon presque aiguë. Nous avons vu des faits où ces états aigus apaisés ont été suivis d'une prostatite chronique, avec écoulement, se confondant complètement, comme symptomatologie, avec la prostatite chronique glandulaire d'origine

(1) A. Guépin, *Traitement de l'arthrite blennorragique*. (*Gaz. médic. de Paris*, 1894.)

blennorragique vraie. Un malade jeune, intelligent, très travailleur, qui ne voyait de femmes qu'à des intervalles éloignés, faisant alors des prouesses, quatre fois vint nous trouver après ces excès, ayant la prostate et l'urètre dans un état de violente irritation. Chez lui, la prostatite chronique glandulaire se maintint pendant plusieurs années. Quand on arrivait à l'atténuer, presque à la guérir, il repartait, et le nouvel excès provoquait un nouvel état semi-aigu ; tout était à recommencer. Il n'a jamais eu une chaude-pisse vraie avec son évolution ordinaire. Tous les accidents de gonflement du prépuce, d'irritation de la muqueuse urétrale disparaissaient vite par les moyens émollients les plus vulgaires; mais l'hypersécrétion prostatique persistait avec des traces de pus. Il eut des arthrites du genou, des poignets et même une fois des douleurs violentes dans la colonne vertébrale. Tout a disparu quand il est devenu plus sage.

Nous rappelons ce fait, ici, parce que nous pensons que les irritations violentes avec infection des glandes périphériques de l'urètre et en particulier de la prostate, qui ne sont pas d'origine blennorragique, peuvent cependant provoquer des accidents du côté des séreuses.

A l'époque où ce malade fut observé il n'était point encore question de gonocoques.

Nous arrivons à l'étude de la prostatite glandulaire qui est manifestement d'origine blennorragique ou qui succède à la blennorragie. Celle-là est d'une fréquence extrême. C'est elle qui fournit le plus grand nombre de gouttes militaires. C'est contre elle que souvent, bien inconsciemment, on s'acharne par les topiques locaux portés dans l'urètre souvent sans aucun résultat.

La continuité entre la fin de la blennorragie aiguë et la prostatite glandulaire chronique est presque toujours insidieuse et passe inaperçue; le malade continue à voir une sécrétion qui forme une tache blanche avec un point jaunâtre au centre en gommant le linge. Il a souvent les lèvres du méat collées et en arrière du méat on trouve la goutte muco-purulente qui y est restée, résultat de la sécrétion de l'urètre. Ou bien, il y a des filaments muco-purulents fins, quelquefois un peu plus volumineux dans les premières gouttes du jet d'urine; mais tout cela peut tenir à une sécrétion de la muqueuse générale de l'urètre plus abondante sous l'influence de causes multiples.

Il faut d'abord éliminer toutes les causes mécaniques qui peuvent retenir de l'urine dans l'urètre après la miction et qui entraînent une véritable sécrétion anormale de la muqueuse. Ainsi, il faut que les dispositions matérielles de l'extrémité de la verge, dues soit au prépuce, soit au méat, pouvant retenir du liquide dans l'urètre, soient supprimées. Ainsi, on fera de ce côté les opérations nécessaires que nous indiquons si souvent. Fréquemment, cet écoulement chronique dû à l'urine stagnant dans l'urètre après la miction est provoqué par un suspensoir qui relève tout, bourses et verge, en haut et en avant du pubis. Le sujet ayant uriné déjà depuis longtemps, si on enlève brusquement le suspensoir, la verge tombe, prenant la position déclive, et on voit de l'urine pure ou mélangée de mucosités qui arrive spontanément au méat. « Que de fois j'ai vu disparaître ces écoulements muqueux chroniques en faisant porter au sujet un suspensoir qui soutienne les bourses sans relever la verge (1). » A chaque miction, la verge étant pendante, l'urètre se vide.

Tout ce que nous venons de dire sur les causes de la persistance de l'écoulement chronique de l'urètre après la chaude-pisse entraîne des indications thérapeutiques préalables à tout traitement des affections glandulaires. Ces indications thérapeutiques, nous les avons déjà étudiées en démontrant que toutes les causes d'irritation de l'extrémité de la verge provoquaient le spasme de la région profonde de l'urètre, lequel était une cause de stagnation des produits des éléments glandulaires de la prostate et, par conséquent, de dilatation de ces éléments glandulaires. Du reste, dans les observations que nous allons donner, on verra que les guérisons des prostatites chroniques glandulaires n'ont été obtenues, dans beaucoup de cas, qu'après la disparition de ces causes d'irritation à l'extrémité de la verge.

La transition insidieuse entre la blennorragie et la prostatite chronique, bien fréquente, n'existe pas cependant toujours. Nous avons vu un certain nombre de malades qui établissent parfaitement une distinction entre les troubles fonctionnels et les douleurs blennorragiques proprement dites et les gênes avec accès de troubles de miction (envies fréquentes et même douleur en urinant) que provoque à chaque instant leur pros-

(1) Reliquet.

tatite chronique. Il a dû se produire chez eux, après les accidents aigus de la blennorragie, ce que nous avons observé plusieurs fois. Il n'y a plus d'écoulement blennorragique vrai, mais il persiste une irritation dans le périnée, des douleurs plus ou moins aiguës, plus ou moins lancinantes, rapides, en arrière des bourses et en avant de l'anus (picotements, petits élancements), quelquefois un état plus aigu apparaît après quelques jours et les douleurs anales se produisent. Dans ces cas, le toucher rectal fait reconnaître une prostate plus volumineuse qu'elle ne devrait être, étant donné l'âge du sujet, et des points sensibles souvent en même temps indurés, localisés dans un des lobes ou une partie d'un des lobes. Il est tout clair qu'on est devant une prostatite glandulaire subaiguë qui, soignée incomplètement, deviendra chronique. Ces états-là donnent souvent l'impression du début d'une tuberculose locale; on les observe surtout, en effet, chez des sujets y paraissant prédisposés. Dans ces cas sont indiqués : le repos absolu au lit, les grands lavements avec la longue canule, matin et soir, pris étant couché pour bien vider l'intestin ; les suppositoires calmants et modificateurs comme ceux à l'iodoforme et à la jusquiame, mis matin et soir; les petits lavements plus ou moins denses, comme les cataplasmes rectaux de farine fraîche de graine de lin, à consistance sirupeuse, contenant des médicaments calmants variés, mis matin et soir; enfin, lorsqu'il y a des excitations génésiques, des érections plus ou moins douloureuses, le petit lavement composé de :

Camphre, 20 centigrammes, émulsionné avec un jaune

d'œuf dans 80 grammes d'eau, auquel on ajoute la dose qui convient, selon le cas, de laudanum et de jusquiame.

Il nous a été donné bien des fois de voir les prostatites subaiguës de la fin des blennorragies guérir complètement, les productions glandulaires étant évacuées, soit spontanément, soit par la compression avec le doigt.

Chez ces malades, il faut surveiller le retrait des cavités glandulaires prostatiques, également la nature des sécrétions. Il faut aussi dire au malade d'examiner le sperme et de voir s'il n'y a pas de stries jaunes dans les taches qu'il produit.

Enfin, pour faire disparaître ces sécrétions anormales, on donnera à ces sujets, selon l'état général, soit un balsamique — surtout le santal, — soit la créosote. Chez les lymphatiques muqueux, la créosote réussit très bien.

Considérons la prostatite chronique existant déjà depuis un certain temps, la blennorragie étant bien antérieure. C'est là une affection de la plus grande fréquence que presque toujours on croit avoir pour origine les parois urétrales et que naturellement on fait entrer dans le groupe indéterminé que tout le monde appelle « goutte militaire » dès que les manifestations prostatiques ne sont pas assez développées pour obliger le médecin au diagnostic précis. Il est vrai que le diagnostic entre l'écoulement urétral simple chronique provenant de la paroi de l'urètre même et celui de l'écoulement provenant surtout des glandes plus ou moins enflammées, présente certaines difficultés auxquelles la majorité des praticiens n'ont pas réfléchi.

Caractères de l'écoulement. — Dans le cas de prostatite l'écoulement ne se produit pas d'une façon continue ; il arrive par petites masses au dehors du méat et fait sur le linge une tache qui le gomme, qui l'imprègne. Lorsqu'il s'agit d'une hypersécrétion simple, cette tache est presque incolore, un peu nacrée, avec nuance grise plus ou moins marquée. Il n'y a pas de coloration jaune. S'agit-il, au contraire, d'une inflammation chronique des éléments glandulaires, la masse plus ou moins grosse de l'écoulement fait bien sur le linge la tache gommée, mais il y a la coloration jaune plus ou moins verte et plus ou moins étendue. Toute la tache est jaune verdâtre ou verte, ou bien cette coloration jaune plus ou moins verte existe au centre et va en diminuant d'intensité jusqu'au liséré externe qui rappelle la coloration de la tache de l'hypersécrétion simple. Cette étendue variable du centre jaune-vert de la tache est un signe du degré de l'intensité de l'inflammation glandulaire.

Dans le cas d'inflammation chronique prédominante de la surface même de la paroi urétrale, l'écoulement est à peu près constant ; il n'y a pas expulsion de muco-pus par masses ; le linge n'est pas gommé au niveau des taches. Le liquide de l'écoulement déposé sur une face du linge n'en imprègne pas le tissu. Il forme comme une espèce de petite croûtelle à la surface du linge où le pus est nettement séché. La coloration jaune-verte, quelquefois avec stries de sang, est uniforme. Il n'y a plus de liséré périphérique rappelant les hypersécrétions simples de la prostate.

Il est tout clair que cette inflammation de la surface urétrale existe souvent en même temps que la prostatite glandulaire ; alors il y a les deux espèces de taches sur le linge, isolées ou confondues.

Dans les lésions glandulaires de la prostate l'examen microscopique, même au milieu de la sécrétion purulente, fait reconnaître les grains brillants, gros comme des têtes de spermatozoïdes, que l'acide acétique fait disparaître sous le champ du microscope et aussi des sympexions prostatiques. Ceux-ci peuvent manquer, les grains brillants existent toujours. En examinant les liquides prostatiques expulsés par la pression du doigt, ce que nous avons fait pendant des années, il ne nous est pas arrivé de ne point trouver ces grains brillants.

Toucher de la prostate. — L'examen de la prostate par le toucher rectal donne les signes pathognomoniques de la prostatite chronique dont nous nous occupons. Ce toucher rectal doit être fait, le rectum étant bien vidé, par un lavement.

La position la meilleure à donner au malade, dans ce cas particulier, est la suivante : debout, le corps incliné en avant à angle droit, les mains appuyées sur une chaise. Le doigt introduit dans le rectum porte la prostate vers le pubis, ce qui donne un point d'appui et permet de se rendre un compte plus exact de la nature des tissus de la glande. Les indurations sont ainsi facilement perçues et délimitées avec le doigt ;

leur consistance à leur centre ou à la périphérie est ainsi bien reconnue. De même l'exploration des cornes prostatiques et du bord postérieur de la prostate est plus facile dans cette position.

L'exploration est quelquefois gênée par la dilatation excessive de la vessie ; c'est pourquoi il faut faire uriner le malade un quart d'heure avant l'examen.

L'exploration digitale de la prostate doit être faite seulement avec l'extrémité du doigt, la pulpe de la phalangette seule doit s'appuyer sur les différents points de la prostate pour en reconnaître les conditions matérielles. Ainsi seulement il sera possible de reconnaître le point qui est réellement douloureux ; ainsi seulement il sera possible de dire où sont les cavités glandulaires qui se vident par la pression du doigt, en raison de la dépression de tissu perceptible par cette pulpe du doigt et ainsi bien localisée.

Nous venons de donner la technique générale du toucher rectal. « Personnellement, voici comment je » l'exécute (1) : je commence par porter la pulpe du » doigt sur le bord postérieur de la prostate à la partie » moyenne, puis j'explore le bord postérieur en allant » vers la corne droite et je ramène le doigt en avant » pour me rendre un compte exact de l'état du lobe » droit. Le doigt reporté sur la partie moyenne du » bord postérieur, j'explore de la même façon le bord » postérieur gauche, la corne gauche et le lobe gauche. » Bien entendu, cette exploration permet de reconnaître » l'état général de la prostate, sa consistance générale,

(1) Reliquet.

» son volume, ses rapports avec les parties voisines, les » ischions latéralement, les vésicules séminales en » arrière, etc. Enfin, le doigt est porté de la partie » moyenne du bord postérieur en avant, pour recon- » naître s'il n'y a rien dans cette partie de l'organe » que traversent les canaux éjaculateurs. »

Que trouve-t-on dans cette exploration, dans le cas de prostatite chronique dont nous nous occupons?

Au premier examen, presque toujours, la prostate est ballonnée, de son bec à son bord postérieur, il n'y a pas ce sillon médian large qui existe chez les jeunes sujets. Latéralement, les lobes, comme la partie centrale, n'ont pas la consistance ferme et uniforme du tissu prostatique normal. Souvent, au milieu de ce gonflement général, on reconnaît des points indurés, localisés soit au niveau des cornes ou du bord postérieur, soit dans un des lobes; induration toujours plus sensible à la pression du doigt; ou bien on trouve des points prostatiques qui se dépriment sous le doigt.

Dans cette exploration, pendant le toucher, il arrive souvent que du liquide muco-purulent ou d'hypersécrétion simple de la prostate s'écoule par l'urètre, le malade étant encore penché en avant. Dans ce cas, il y a une véritable dilatation des éléments glandulaires de la prostate. Le plus souvent, lorsque le malade se relève, le doigt ayant été retiré, il y a une contraction de l'urètre qui expulse, à l'extérieur, de la sécrétion prostatique plus ou moins épaisse, plus ou moins jaune, quelquefois même présentant des stries sanguines. A l'examen microscopique, on y trouve les caractères sus-indiqués, les grains brillants, les sympexions, quelquefois, mais rarement, des cristaux en fuseaux, du mucus et des leucocytes; parfois, également, des spermatozoïdes. La compression des canaux éjaculateurs et peut-être un peu des vésicules séminales, a pu en déterminer l'expulsion.

Dans les examens ultérieurs de la prostate, lorsque le malade a été soumis aux lavements quotidiens et aux suppositoires, également quotidiens, d'iodoforme et de jusquiame, on ne trouve presque jamais le gonflement général de la prostate et on reconnaît alors beaucoup plus facilement les indurations de tissu et les points ramollis.

Ici le gonflement de la prostate, les liquides évacués par l'urètre sous l'influence de la pression du doigt exercée sur la prostate en un point quelconque, surtout lorsque ce liquide évacué contient du pus, constituent le signe pathognomonique de la prostatite glandulaire chronique. Puis viennent les indurations avec leurs caractères et leur évolution, qui vont faire diagnostiquer les prostatites chroniques simples des prostatites avec altérations organiques (tuberculose).

Nous venons de nous étendre longuement sur le diagnostic de la prostatite chronique; nous ne saurions trop insister, auprès des praticiens, pour qu'ils le fassent avec le plus grand soin. Ainsi ils éviteront de regrettables erreurs. Depuis quelques années, tout individu qui se présente dans un cabinet médical, ayant un écoulement chronique de l'urètre, si on ne lui a pas trouvé un rétrécissement du canal, est immédiatement soumis aux topiques urétraux plus ou moins caustiques, plus ou moins modificateurs des surfaces, utiles certainement lorsqu'il s'agit d'une inflammation chronique de la surface muqueuse de l'urètre, mais presque toujours inutiles, et souvent dangereux, lorsqu'il s'agit d'inflammations localisées dans les éléments glandulaires de la prostate.

Dans nos observations, les malades auxquels on a pratiqué des instillations ou injections de nitrate d'argent, ou autre médicament, un nombre de fois énorme, dépassant vingt et même quarante fois, sans résultat, sont très nombreux. Trop souvent ils nous ont raconté les souffrances qu'ils ont éprouvées après l'introduction de ces médicaments dans l'urètre.

Les produits de sécrétion de la prostate sont souvent entraînés au dehors par le jet d'urine, et alors ils sont sous la forme de filaments fins, de mucus, comme effilé dans un orifice étroit. Lorsqu'on les examine au microscope on y trouve toujours les granulations brillantes et les sympexions.

On comprend très bien que la compression du bol fécal sur la prostate, au moment de la défécation, unie à l'effort de défécation, puisse expulser par l'urètre les produits de sécrétion accumulés dans les éléments glandulaires dilatés. C'est là un fait banal que trop de malades prennent pour des pertes séminales spontanées. Ici encore le microscope juge la question.

Toutes les causes de stagnation des produits glandulaires prostatiques sont ici favorables à la permanence et même à l'aggravation de la prostatite. Parmi ces causes, il y en a une qui est constante : les sujets sont jeunes, les excitations génésiques chez eux sont faciles, et naturellement provoquent une activité de sécrétion de tous les liquides qui entrent dans la composition du sperme. Il est évident que l'éjaculation normale, physiologique, est le meilleur de tous les moyens pour expulser tous les produits de sécrétion, véhicules du sperme. Aussi, pour les sécrétions prostatiques, il est fréquent que le jeune sujet atteint de prostatite chronique éprouve un soulagement notable après la perte séminale, et lorsque cette prostatite chronique se complique, comme cela arrive souvent, de spasme de la région profonde de l'urètre, qui trouble plus ou moins la miction, le malade dit simplement : « Après l'éjaculation, j'urine mieux. » Bien entendu, les excitations se terminant par l'éjaculation ne doivent pas être répétées à des intervalles courts, et surtout ne doivent pas être précédées d'excitations volontaires prolongées, ce qui compliquerait la prostatite en la rendant plus aiguë.

Les troubles de miction dans les prostatites chroniques sont extrêmement variables. Le plus ordinairement, ce sont des envies plus fréquentes avec douleurs plus ou moins vives en urinant et en finissant d'uriner qui reviennent comme par accès. Cela coïncide toujours avec une irritation plus grande de la prostate dans ses éléments glandulaires, provoquée soit par les excitations génésiques anormales dont nous venons de parler, soit par un excès de fatigue, de table (alcoolique ou de nourriture), soit même par un coup de froid. Nous avons vu ces troubles de miction donner le change et faire croire à un rétrécissement de l'urètre ; nous nous sommes expliqués sur ces cas dans notre étude sur les faux rétrécissements.

La prostatite chronique peut provoquer des phénomènes de *colique spermatique.* Les faits dans lesquels les malades éprouvent de la douleur au moment de l'éjaculation, avec pus et stries sanglantes dans le sperme, sont fréquents, sans qu'il soit possible, par l'examen direct, de trouver une lésion du côté des voies séminales proprement dites, vésicules séminales et canaux éjaculateurs, sans que l'on puisse trouver des sympexions plus ou moins gros, capables de provoquer de la douleur en passant par les canaux éjaculateurs. La douleur au moment du spasme de l'éjaculation est due, ici, soit au passage de produits de sécrétion épais, consistant en masses assez grosses pour surdilater les canaux d'excrétion, soit à la contraction seule des fibres musculaires expultrices de la prostate sur les éléments glandulaires plus ou moins enflammés et par cela même plus ou moins sensibles. Très souvent l'expulsion du sperme, volontaire ou involontaire, est suivie dans ces cas de la sortie d'un peu de sang pur.

Ce que nous savons et ce que nous avons dit de la physiologie et de la physiologie pathologique de la prostate nous fournit immédiatement les indications thérapeutiques :

1° Faire cesser toutes les causes locales ou éloignées qui favorisent la dilatation des éléments glandulaires et par conséquent la stagnation ou rétention des produits de sécrétion ;

2° Faire cesser tous les phénomènes locaux d'irritation pouvant provoquer les spasmes des fibres musculaires ;

3° Modifier les produits de sécrétion pour les ramener à l'état normal.

Observation XII. (M. Reliquet.) — *Prostatite glandulaire chronique. — Chaudes-pisses antérieures. — Phénomènes de colique spermatique. — Débridement du prépuce étroit et du méat placé haut sur le gland. — Guérison.* — « M. X..., trente-deux ans, blond clair, s'enrhume facilement l'hiver, a fréquemment de la conjonctivite et des plaques herpétiques. Vient me consulter en novembre 1889. Il se plaint de difficultés pour uriner, qui cependant ne sont pas constantes, de douleurs pendant le coït et surtout au moment de l'éjaculation, douleurs localisées dans l'urètre et allant de l'anus au méat. Tantôt il urine par jet continu et assez gros, tantôt par jet petit et saccadé, et en même temps il ressent une légère douleur dans le canal.

» Écoulement de muco-pus filant, gommant le linge et le tachant en jaune.

» Prostate volumineuse, de forme régulière, avec tissu dur au bord postérieur et aux cornes, sans nodosités. Au moment de l'exploration de la prostate avec le doigt, il s'écoule par le méat un abondant mucus opalin avec des stries jaunes. Le malade étant relevé, après le toucher, l'écoulement de mucus continue. Il y a au moins un centimètre cube et demi de mucus évacué.

» Méat étroit très haut placé sur le gland ; prépuce étroit et court étranglant la verge pendant l'érection.

» En érection, la verge est courbée, le gland est tiré en bas. Je propose le débridement du prépuce et celui du méat. En raison de ses occupations, le malade demande à attendre. Il vient chez moi tous les quatre ou cinq jours pendant huit mois. Je lui passe des bougies moyennes (15 ou 16) qui lui permettent d'uriner facilement pendant quelques jours. Toutes les fois que j'ai voulu dépasser (en allant progressivement) le n° 19, il y a eu de la douleur et de l'excitation. L'écoulement continue toujours malgré l'usage des divers médicaments balsamiques et du rhum créosoté.

» Le malade se passe lui-même des bougies pendant quelque temps.

» En mars 1891, je sectionne le prépuce en haut ; les deux lèvres de la plaie s'appliquent de chaque côté du gland en arrière de la couronne, les sections de la muqueuse et de la peau se juxtaposant. De suite, la verge se développe et se redresse ; en même temps, je fais le débridement du méat. Le soir même, l'écoulement de l'urine est beaucoup plus facile. Les jours suivants, l'écoulement muco-purulent augmente sensiblement, puis va en diminuant peu à peu. Je donne le rhum créosoté (7 grammes pour 500, une cuillerée à bouche matin et soir, dans un verre d'eau en mangeant), les grands lavements et les suppositoires avec iodoforme et jusquiame.

» Cinq jours après l'opération, je passe les bougies 19, 20, 21, sans provoquer aucune excitation. Le 9 juin, le malade me dit qu'il n'a plus ses douleurs pendant le coït, ni difficultés pour uriner. Il se sent très bien ; en effet, il a l'apparence d'un bon état général.

» Il y a encore des filaments muqueux très minces dans les urines. Au toucher rectal on ne trouve plus d'induration de la prostate et, en la comprimant avec le doigt, il ne sort plus rien par le méat. Ainsi les éléments glandulaires de la prostate se vident bien et il n'y a plus de troubles fonctionnels. Au mois de juillet, l'écoulement a complètement disparu. »

Observation XIII. (M. Reliquet.) — *Prostatite chronique. — Chaudes-pisses antérieures. — Phénomènes de colique spermatique.* — « Le 16 mars 1880, le Dr Albert Le Blond m'adresse un jeune homme de trente ans, employé de magasin, par conséquent constamment debout, qui se plaint d'envies fréquentes d'uriner (trois et quatre fois la nuit), de douleurs le long de la partie interne des cuisses et d'un écoulement chronique de l'urètre. De temps en temps, il a des élancements dans le canal allant de l'anus à l'extrémité de la verge. Ils sont constants en urinant et après avoir uriné. Quand ces douleurs de l'urètre sont violentes, il a envie de vomir.

» Les besoins d'aller à la garde-robe sont fréquents et souvent faux. Je touche le rectum : la prostate volumineuse est dure dans son ensemble, très sensible à sa partie moyenne ; pas de liquide s'écoulant par le méat. La pression du doigt sur la prostate provoque les douleurs irradiantes le long des cuisses et surtout le long de la cuisse droite. Je donne au malade les grands lavements avec la longue canule, pris matin et soir, et après ce grand lavement, je fais injecter, dans le rectum, un petit lavement composé de mucilage de graine de lin dans lequel on incorpore 2 grammes de bromure de potassium.

» *Le 6 avril*, il n'y a plus de douleurs irradiantes le long des cuisses, l'écoulement franchement muco-purulent est abondant; le malade a pris de son chef du copahu qui l'a surexcité et a rendu la miction presque impossible. Au toucher, la prostate a diminué de volume, le sillon médian se reconnaît, mais les deux bords latéraux de la prostate sont encore durs ainsi que les deux cornes. Tous ces points durs sont sensibles au toucher. A ce moment le malade sent quelque chose qui passe dans l'urètre, mais il ne sort rien. Étant relevé après une demi-minute, il sort un liquide blanc laiteux par petits jets, il y en a la valeur d'un dé à coudre. Puis il est pris de besoin d'uriner : la miction se fait, dit-il, plus facilement et l'urine rendue est plus abondante qu'aux mictions ordinaires. A l'examen microscopique du liquide blanc-jaune laiteux évacué par l'urètre : leucocytes abondants, spermatozoïdes morts adhérents aux leucocytes, des sympexions avec des spermatozoïdes à moitié pris dans leur masse ; l'acide acétique laisse voir les spermatozoïdes libres et morts ; granulations brillantes. On continue le même traitement, les grands et les petits lavements de mucilage de graine de lin calmants.

» *Le 10 avril*, a uriné plus facilement et un peu moins souvent depuis sa dernière visite.

Coït ; douleur très vive au moment de l'éjaculation allant de l'anus à l'extrémité de la verge. Au toucher rectal, la sensibilité des bords de la prostate et des cornes est toujours grande; les tissus sont toujours durs; le malade étant relevé, il s'échappe de l'urètre par trois saccades un demi dé à coudre de liquide blanc laiteux jaune. Immédiatement envie d'uriner violente; quoiqu'il ait uriné il y a dix minutes, il rend environ 100 grammes d'urine claire. A l'examen microscopique du liquide laiteux : leucocytes abondants, quelques sympexions, pas de spermatozoïdes apparents, granulations brillantes. Le même traitement est continué. J'y ajoute une cuillerée à bouche, matin et soir, de rhum créosoté, à 7 grammes pour 500, dans un verre d'eau en mangeant.

» *Le 17 avril 1880*, urine moins souvent, une seule fois la nuit et plus facilement. Moins de douleurs — il n'y en a qu'en finissant d'uriner et encore très peu. Douleur seulement dans l'anus au moment de l'éjaculation. Le malade trouve que l'éjaculation le débarrasse et qu'il urine mieux après le coït. Au toucher rectal, la prostate est moins grosse, les deux lobes latéraux sont durs et le gauche paraît plus gros. Le liquide louche laiteux sort par l'urètre au moment du toucher. Il est toujours abondant, mais moins qu'aux deux premières fois. Alors il sortait par petits jets un moment après le toucher rectal. Même traitement : grands lavements, petits lavements, créosote. J'ajoute un bain deux fois par semaine avec arséniate de soude, 7 grammes.

» *Le 1er mai*, urine moins souvent, très facilement et sans douleurs. Se lève une fois la nuit pour uriner. Coïte deux fois par semaine et sans douleur. Au toucher rectal : prostate diminuée, plus symétrique, la corne droite est encore un peu plus dure, mais non douloureuse au toucher, le liquide blanc trouble est moins jaune; il s'écoule le malade étant bien relevé chassé par un coup de piston. Au microscope pas de spermatozoïdes, pas de sympexions, des leucocytes, granulations brillantes. Même traitement.

» *8 mai*. Coïte sans douleurs, urine sans douleur, se retient facilement d'uriner ; toujours un peu d'écoulement, mais il est presque blanc; la tache sur le linge ne présente de jaune qu'à son centre. Au toucher rectal, prostate symétrique, consistance générale souple, pas d'induration aux cornes. Le liquide qui s'écoule après le toucher, le malade étant relevé, est beaucoup moins abondant et ne contient que des leucocytes.

» Le malade continue à se soigner pendant un mois et il n'y a plus trace d'écoulement. »

Voici deux observations de prostatite glandulaire avec stagnation de produits de sécrétion dans les éléments glandulaires. Dans la dernière observation, les phénomènes de stagnation et de rétention des produits de sécrétion de la prostate dans les éléments glandulaires paraissent avoir été déterminés surtout par l'inflammation chronique du tissu prostatique existant depuis longtemps, bien plus que par toute autre cause; car il n'existait rien d'anormal à l'extrémité de la verge. Ce qui nous fait croire à ce mécanisme de la rétention dans ce cas, c'est que les phénomènes douloureux locaux datant de loin avaient une intensité et une continuité bien rares dans les prostatites chroniques; c'est aussi que l'évacuation provoquée par le toucher rectal des liquides contenus dans les glandes de la prostate ne s'est pas produite au premier examen de l'organe avec le doigt, mais seulement aux examens ultérieurs, lorsque le tissu prostatique dénotait une amélioration notable par la diminution de sa dureté en certains points.

En tout cas, dans ces deux faits les causes de la stagnation ou de la rétention des liquides prostatiques ayant été supprimées, l'amélioration et même la guérison s'en est suivie. Dans la première de ces deux observations l'évacuation facile et complète des liquides prostatiques a suivi immédiatement le débridement du prépuce et du méat. Le traitement local de la prostate par le rectum pour faire disparaître les spasmes capables de retenir des liquides dans les glandes ont été absolument secondaires, la prostate s'étant vidée aussitôt l'irritation à l'extrémité de la verge disparue. Il ne restait plus qu'à obtenir la modification dans les sécrétions prostatiques par la créosote, qui ici a réussi, ou par un autre balsamique. Dans la seconde observation, la marche a été tout autre: il a fallu combattre directement l'induration considérable et généralisée de la prostate, sa sensibilité générale au moindre toucher du doigt et c'est seulement lorsque l'état inflammatoire général a cédé que l'évacuation des produits glandulaires en rétention pouvant s'évacuer d'abord par la pression du doigt, puis spontanément par des éjaculations, d'abord très douloureuses, enfin de moins en moins, que nous arrivons progressivement à la diminution lente, mais continue, des phénomènes douloureux et des troubles fonctionnels qui suivent la diminution de l'induration et de la sensibilité prostatiques.

Là encore, quand tous les troubles fonctionnels et les douleurs ont disparu, il a fallu modifier la nature des sécrétions par les balsamiques.

Chez ces deux malades, il n'y avait pas eu de manœuvres antérieures plus ou moins irritantes dans l'urètre; le traitement du rétrécissement de l'urètre par un moyen mécanique n'avait pas été employé, et surtout, s'il avait été essayé, ne l'avait été qu'avec prudence. Il n'y avait pas eu non plus d'injections caustiques plus ou moins violentes et plus ou moins répétées.

Nous allons voir, par les observations suivantes, ce que la dilatation de l'urètre, pour prétendu rétrécissement, poussée très loin, peut provoquer du côté de la prostate, et aussi ce que les injections ou instillations de nitrate d'argent peuvent donner d'irritation persistante dans les glandes de l'urètre.

Observation XIV. (M. Reliquet.) — *Prostatite chronique soignée longtemps pour un rétrécissement de l'urètre par la dilatation. — Injections profondes caustiques.* — « X..., cocher d'un médecin de Paris, vient me consulter le 14 février 1880. Trente-cinq ans, blond, tempérament lymphatique; a, depuis trois ans, des difficultés pour uriner qui ne sont pas constantes: toujours de la douleur en urinant, surtout en finissant d'uriner; un écoulement jaune tache son linge en le gommant. On l'a soigné par le passage successif des sondes jusqu'au n° 50 (filière Beniqué). A eu souvent des accès de fièvre, à deux reprises a eu une orchite à droite. Actuellement, il a des envies fréquentes d'uriner et de la douleur en urinant. Je passe facilement une bougie n° 21 sans rencontrer le plus léger obstacle. L'épididyme droit est dur; on sent isolément les canaux qui sont indurés. La prostate a ses deux lobes latéraux en cornes saillantes. Le lobe droit, beaucoup plus dur, est plus saillant en arrière. La pression du doigt sur la prostate fait saillir par l'urètre un liquide blanc jaunâtre, louche. Au microscope: leucocytes, cristaux de phosphate ammoniaco-magnésien, des vibrions, des grains brillants; pas de spermatozoïdes. Le malade me raconte qu'à la fin de la miction, il a souvent l'évacuation d'un liquide blanc opalin, quelquefois filant. Le 20 février 1880, il m'apporte ce liquide qu'il venait de rendre. Au microscope: sympexions très volumineux, des leucocytes et quelques spermatozoïdes mobiles. Je lui prescris le rhum créosoté, le régime lacté aussi exact que possible et le grand lavement matin et soir.

» *Le 3 mars*, depuis la dernière visite, le malade a coïté deux fois. Au premier coït, il y a une douleur violente au moment de l'éjaculation. Au second, huit jours après, pas de douleur, mais toujours pesanteur dans le canal après le coït.

» Craignant toujours le rétrécissement malgré mon dire, il s'est passé une bougie n° 23, il y a trois jours. Le lendemain, accès de fièvre violent; le surlendemain (hier), nouvel accès de fièvre).

» Le lobe gauche de la prostate revenu sur lui-même est plus souple, le droit a sa corne grosse, tendue, chaude; à la pression, il sort par le méat beaucoup de liquide jaune-blanc laiteux. Au microscope: sympexions, granulations brillantes; pas de spermatozoïdes.

» Je crains une localisation aiguë dans cette corne droite. Le traitement est toujours: grands lavements, créosote, tisane d'eau claire de graine de lin et de queues de cerises, sulfate de quinine, 50 centigrammes matin et soir. Je fais mettre dans le rectum, le soir, un mucilage de graine de lin (80 grammes) contenant 1 gr. 50 de chloral.

» *Le 8 mars*, les envies d'uriner sont toujours fréquentes le jour; la nuit, n'a uriné qu'une fois; se plaint de douleurs de reins sourdes, mais pas continues; l'écoulement n'a plus lieu que dans la matinée; les urines sont claires, sans dépôt. Toucher: corne droite très dure; le liquide qui sort par l'urètre est transparent, filant, avec grumeaux blancs. Au microscope: leucocytes, sympexions et granulations brillantes.

» *Le 12 mars 1880*, n'a uriné qu'une fois la nuit et sans douleurs. Le jour reste trois heures sans uriner et la miction se fait sans douleur. On continue les grands lavements, les cataplasmes rectaux au chloral. Pas d'écoulement dans la journée ; le matin, au lever, il sort par l'urètre une matière filante dont la coloration est moins jaune.

» Reprend son service de cocher.

» *23 mars 1880.* — Il y a quatre jours, a eu un violent accès de fièvre dû au froid. S'est fait suer abondamment et n'a pas eu d'accès depuis. Les envies d'uriner sont devenues plus fréquentes le jour avec douleur en finissant d'uriner. A eu une perte séminale le matin avec douleur. Au toucher : les deux lobes de la prostate sont plus volumineux et un peu durs. Par l'urètre s'écoule un liquide opalin filant très abondant, mais de moins en moins jaune. Toujours des sympexions, moins de leucocytes, pas de cristaux, pas de spermatozoïdes. On continue la créosote, les grands lavements, on remplace la tisane de graine de lin et de queues de cerises par une cuillerée de goudron Freyssinge dans un litre d'eau.

» *31 mai.* — N'a plus qu'un écoulement blanc le matin et en allant à la garde-robe. A eu une légère poussée hémorroïdale qui a cessé avec l'application d'une pommade belladonée. N'a plus de douleurs pendant le coït ; après, il y a toujours embarras dans les parties génitales comme si quelque chose voulait sortir par l'urètre. On continue le traitement.

» *12 juillet.* — A eu quelquefois un peu de douleur pendant le coït au moment de l'éjaculation. Tout a disparu actuellement ; l'écoulement disparait pendant les deux jours qui suivent le coït. A eu un accès de fièvre il y a deux jours, suivi de transpiration abondante.

» Je reste sans voir ce malade pendant huit mois. Je savais qu'il continuait à peu près exactement le traitement et qu'il faisait sans interruption son métier de cocher.

» *Le 16 février 1881*, la douleur au moment du coït, qui avait complètement disparu, est revenue depuis quelques jours, le mieux qui suivait le coït n'a lieu que le lendemain, les taches de sperme présentent toujours des stries jaunes. Urine à des intervalles normaux et ne souffre plus en urinant. Au toucher rectal, la prostate est plus petite d'une façon générale, le lobe gauche est normal, le droit plus gros est plus mou. Par l'urètre, il sort un liquide blanc. Au microscope : les leucocytes sont rares, il y a des granulations brillantes et des sympexions peu volumineux. Le malade raconte que dans les cinq à six heures qui suivent le coït, il y a un petit écoulement qui cesse après pendant vingt-quatre et quarante-huit heures ; il trouve qu'il urine mieux dans les vingt-quatre heures qui suivent le coït.

» Actuellement, quand il ne fait pas d'effort pour uriner, la miction se fait facilement et sans douleur ; l'effort provoque un peu de douleur dans l'urètre. Il a continué la créosote tout l'hiver. Je lui fais reprendre des lavements matin et soir.

» *30 septembre 1881.* — N'a plus de douleurs en urinant. Quelquefois un peu de douleur après le coït, mais rarement. Lorsqu'il reste longtemps assis sur son siège, il ressent quelques petits élancements dans la verge. A encore de l'écoulement blanc le matin. A toujours continué deux cuillerées de rhum créosoté matin et soir et les deux grands lavements.

» *28 septembre 1882.* — Depuis huit mois n'a plus aucune gène pour uriner, ni douleur en coïtant ou après le coït.

» Il a toujours un écoulement blanc qui gomme le linge sans le tacher en jaune, surtout le matin et un peu dans la journée. »

Il est difficile ici de bien préciser si le traitement par le passage des sondes dilatatrices fait avec persistance jusqu'au N° 50 de la filière Beniqué n'a pas été la cause véritable de cette prostatite chronique glandulaire, tenace et douloureuse. En tout cas, le passage de ces bougies dilatatrices a été une cause aggravante de la prostatite ainsi que les injections ou instillations irritantes répétées nombre de fois dans le canal. D'après les faits que nous avons déjà cités, dans lesquels les éléments glandulaires de la prostate ont été envahis par l'inflammation de l'urétrite blennorragique sans qu'il y ait eu de manœuvres intra-urétrales, nous n'avons jamais vu chez les sujets qui ne relèvent pas d'une diathèse ou d'un état constitutionnel mauvais, des phénomènes d'inflammation du tissu prostatique aussi intenses et aussi tenaces que chez ce malade.

OBSERVATION XV. (M. Reliquet.) — M. D..., quarante ans, vient me consulter en juin 1889; se plaint d'un écoulement urétral abondant qui tache son linge par de larges plaques jaunes. A une très grande difficulté pour uriner; urine lentement avec efforts. Après la miction, il s'écoule toujours du liquide par le méat. Eczéma du gland qui est rouge, gonflé, très induré dans l'étendue de plus d'un centimètre autour du méat. Rougeur de la muqueuse du prépuce. Par l'érection et le coït, il y a de fréquentes érosions dans le sillon préputial de la base du gland.

» Méat placé très haut sur le gland, ne laissant passer que le nº 17 sans serrer la bougie.

» Le cul-de-sac urétral en arrière de la commissure postérieure du méat est très profond, plus d'un centimètre; la muqueuse y saigne au moindre contact du stylet.

» Au toucher rectal: prostate grosse ayant latéralement des saillies demi-molles, dépressibles, sans trace de dureté. Pendant le toucher, il sort par l'urètre un liquide opalin, sans pellicules jaunes ou blanches, presque transparent. Le malade relevé, ce liquide coule de l'urètre en assez grande abondance.

» Le prépuce me semble bien un peu étroit, le malade m'affirme qu'il n'en éprouve aucune gène pendant le coït. Je décide de débrider d'abord le méat, quitte à débrider le prépuce ensuite.

» Ce malade me raconte qu'il est soigné depuis deux ans, qu'on lui a fait de la dilatation avec les cathéters Beniqué sans pouvoir dépasser le nº 40. Après ce traitement, il est resté plusieurs mois atteint d'excitation vésico-urétrale, fréquence des envies, douleurs en urinant, etc., ce que l'on appelle généralement cystite.

» Ensuite, on lui a fait des instillations argentiques pendant trois mois, deux fois par semaine. Puis, il est resté sans rien faire, se bornant à prendre des balsamiques, tantôt l'un, tantôt l'autre.

» Il y a cinq mois, on lui fit l'urétrotomie interne. A la suite de cette opération, il n'a pas vu sa miction s'améliorer beaucoup. En tous cas, l'écoulement a continué exactement le même.

» Comme je l'ai dit, le nº 17 passe sans être serré dans le méat et arrive facilement dans la vessie. Le nº 20, très serré dans le méat, provoque de la douleur et ne peut pas franchir le collet du bulbe.

» Je fais le débridement du méat. Alors je constate qu'il n'y a pas de fosse naviculaire. La paroi supérieure de l'urètre en arrière du méat présente trois culs-de-sac valvulaires tournés en avant dans l'étendue de 14 millimètres. Je débride du méat au frein et malgré cette incision, l'orifice de l'urètre est encore insuffisant. Je débride en coupant dans le frein. Ainsi l'incision, depuis la commissure inférieure du méat, a 2 centimètres de longueur. Là seulement, j'ai un orifice de l'urètre pouvant recevoir une sonde nº 24. Pendant mon incision, le gland se redresse, ce qui n'arrive jamais dans les cas ordinaires, les deux lèvres de la plaie restent écartées et laissent voir le sillon de la face supérieure de l'urètre en tout semblable à celui de la gouttière d'un hypospade. Cet aspect s'est maintenu après la guérison.

» Aussitôt l'opération, le malade se félicite d'uriner beaucoup plus à la fois et moins souvent. Mais l'eczéma du gland, son induration et l'écoulement de l'urètre ne disparaissent pas. Le prépuce retenant les liquides à la surface du gland, quelques jours après, je fais le débridement du prépuce en en enlevant un petit V supérieur. Alors l'eczéma disparut très vite, l'induration du gland diminua et disparut le huitième jour. Le gland et le pourtour du méat devinrent absolument souples, mais l'écoulement persista. Cependant il n'est plus le même, il n'arrive plus à l'extérieur par masses faisant de larges taches jaune-vert sur le linge en le gommant. Ce n'est plus bientôt que de petites taches isolées de moins en moins jaunes, d'abord conservant le point jaune central, puis n'étant plus qu'une tache d'aspect bistré avec bords un peu gris. Les taches sont plus nombreuses pendant la marche.

» Dix jours après le débridement du prépuce, je touche la prostate. Elle est bien revenue sur elle-même, il n'y a plus de points demi-mous et surtout la pression du doigt sur ses différentes parties ne fait rien sortir par le méat. Je donne au malade le rhum créosoté. L'écoulement est devenu tout à fait blanc, le coït a lieu sans douleurs et l'écoulement diminue progressivement.

» Quinze jours après le débridement du prépuce, j'ai pu passer facilement, sans rencontrer le moindre obstacle dans l'urètre, les nºs 21, 22 et 23 en gomme; le malade m'affirme qu'on n'avait jamais dépassé le nº 20 en gomme (ou 40 Beniqué), lesquels franchissaient l'urètre en le faisant souffrir. »

Ici, il est certain que les manœuvres de dilatation et d'injections caustiques n'ont eu aucun résultat et ont certainement irrité plus violemment les éléments glandulaires de la prostate ; l'urétrotomie n'a même pas donné de résultat. Il est évident qu'on a cru à un rétrécissement vrai de l'urètre lorsqu'il ne s'agissait que d'un faux rétrécissement, d'un spasme de la région profonde du canal, et nous aurions pu donner cette observation dans notre travail sur les *faux rétrécissements de l'urètre*. Mais ici le fait dominant a été l'hypersécrétion glandulaire avec inflammation des éléments de la prostate.

Chez ce malade, la disposition vicieuse du prépuce et du méat avait certainement provoqué la dilatation des éléments glandulaires de la prostate avant toute contamination inflammatoire, en provoquant le spasme de la région profonde de l'urètre qui favorise la stagnation et même la rétention des produits glandulaires, ainsi que nous l'avons démontré plus haut. Et c'est justement en raison de cet état particulier des éléments glandulaires de la prostate que les manœuvres de dilatation et d'injections caustiques irritantes ont été nuisibles. Il y a donc, comme on le voit, un intérêt tout à fait majeur à faire le diagnostic de l'état des éléments glandulaires de la prostate avant d'intervenir directement dans l'urètre.

Observation XVI. (M. Reliquet.) — *Prostatite glandulaire entretenue et aggravée par la dilatation excessive de l'urètre et les topiques irritants dans le canal.* — « En 1891, je soigne M. C..., vingt-huit ans. C'est un homme d'apparence solide, grand, mais lympathique, sujet aux éruptions eczémateuses ; chaudes-pisses antérieures. Il se plaint d'un écoulement chronique purulent, datant de cinq à six ans, pour lequel il a été soigné par tous les moyens antiseptiques locaux et même par la dilatation faite avec les cathéters américains et l'emploi de la cocaïne, dilatation poussée jusqu'au calibre qui correspond au n° 60 de la filière Beniqué. Il ne faut pas oublier que le cathéter américain, dont la courbure est petite, lorsqu'il est introduit dans l'urètre, occupe le canal par sa partie droite. De là une dilatation dans les courbures de l'urètre, qui va bien au delà du diamètre réel du cathéter (1). Ici, l'écoulement est franchement purulent; il a lieu d'une façon à peu près continue, mais avec expulsion, par moment d'un seul coup, d'une masse de pus.

» La douleur en urinant est constante, les envies d'uriner sont souvent très fréquentes.

» Le prépuce est très étroit, le frein est court et retient la verge, le gland courbé en bas pendant l'érection; le méat, relativement étroit, ne paraît pas élevé sur le gland, le prépuce et le frein étant dans leur état. Je touche la prostate et je la trouve considérable. Elle va d'un ischion à l'autre. Elle est tendue, comme ballonnée, d'une consistance uniformément rénitente, sans douleur à la pression. Mais la pression du doigt fait sortir par l'urètre une quantité considérable de muco-pus. C'est presque du pus en nature.

» Le malade, qui a été soigné par de nombreux confrères dans divers pays, est tout étonné de voir sortir par l'urètre ce pus, sous l'influence de la pression du doigt sur la prostate. Il me raconte qu'on lui a fait les injections antiseptiques les plus variées, que dernièrement on lui a passé les cathéters américains pour dilater un rétrécissement, mais qu'on lui passait toujours après une injection de cocaïne dans l'urètre.

» Je lui propose de faire le débridement du prépuce et la section du frein et même le débridement du méat, si, le gland étant libre, le méat devient haut placé sur le gland. Ces opérations furent faites, y compris le débridement du méat. A la suite, l'écoulement prostatique fut extrêmement abondant, la prostate se dégonfla. C'est là le fait ordinaire en pareil cas, et il n'y eut pas d'excitation violente vésico-urétrale consécutive, les envies devinrent même moins fréquentes, les urines moins purulentes, les douleurs en urinant s'atténuèrent. Mais, chez ce malade, il y eut un incident urétral important à signaler. Nous avons vu que le gland

(1) Reliquet, *Traité des opérations.*

s'était redressé beaucoup aussitôt la section du frein et le débridement du prépuce. Souvent, à la suite de ce changement dans l'état du gland et de l'extrémité de la verge, même lorsqu'il n'y a pas d'inflammation chronique de l'urètre, il se produit un tiraillement plus ou moins sensible, plus ou moins douloureux, dans la continuité de l'urètre et de sa paroi inférieure, au niveau de la portion moyenne de la verge, pendant l'érection. Ici, cette tension de l'urètre par l'érection, le gland étant devenu libre, a été excessive. Elle était fort douloureuse, et une nuit elle provoqua la rupture de l'urètre au lieu d'élection, c'est-à-dire à la partie moyenne de la verge, avec perte de sang. C'est même en voyant le sang, à son réveil, s'écouler du canal, que le malade s'est aperçu de cet accident. Ce traumatisme a été suivi d'une cicatrice formant rétrécissement et qui a nécessité une intervention par l'urétrotomie interne au bout d'une année.

» Ce malade, que ses occupations obligeaient à être debout toute la journée et qui ne s'astreignait à aucun régime ou à des privations d'aucune sorte, n'était pas guéri de la suppuration de la prostate deux ans après l'opération du prépuce et du méat. Il avait encore de temps en temps des poussées de suppuration des éléments glandulaires avec excitation vésico-urétrale, douleurs en urinant et pus abondant dans les urines. »

Dans ce fait, le passage des instruments volumineux, le canal étant insensibilisé par la cocaïne, a produit une irritation violente des tissus des parois de l'urètre et aussi des éléments glandulaires de la prostate. Pour nous, cette suppuration si considérable des éléments glandulaires de la prostate est certainement due en partie au passage de ce cathéter volumineux. On peut se demander aussi si ces instruments, en distendant outre mesure la partie moyenne de l'urètre pénien, c'est-à-dire cette portion tubulaire qui succède immédiatement, d'arrière en avant, à l'infundibulum du bulbe, — qui est le lieu d'élection de l'arrêt des corps étrangers venant de la vessie, qui est le lieu d'élection de la rupture de l'urètre dans la chaude-pisse cordée, — n'a pas produit une altération de la paroi de l'urètre en ce point, altération qui a permis sa rupture pendant l'érection.

Ici, lorsque la prostate se vidait d'une façon à peu près continue après les débridements du prépuce et du méat, la diminution de l'organe, au toucher rectal, et sa consistance étaient telles qu'on n'aurait jamais pu croire qu'elle fût le siège d'une dilatation glandulaire aussi considérable. C'est que là il n'y avait aucune induration inflammatoire des tissus périphériques aux éléments glandulaires et que, malgré cette ancienneté de la maladie, aucune induration, aucune sclérose inflammatoire ne s'étaient produites. C'est là un fait presque exceptionnel; mais ces énormes dilatations des éléments glandulaires qui, remplis, donnent un volume si considérable à la prostate et qui sont le siège d'une inflammation suppurative de la surface de leurs cavités, ne peuvent pas revenir rapidement sur elles-mêmes et tant que ce malade ne suivra pas un régime sévère en s'abstenant de boissons alcooliques et des excitations génitales provoquées, il verra souvent la récidive de sa prostatite glandulaire et sera exposé par cela même aux accidents d'infection des plus graves et même au phlegmon de la prostate.

Observation XVII. (M. Reliquet.) — « J'ai observé un autre malade, âgé de trente-deux ans, chez lequel on a passé les cathéters américains métalliques les plus gros, qui se croyait atteint d'un rétrécissement de l'urètre. Tous les mois, environ, son chirurgien venait, mettait de la cocaïne dans l'urètre et lui passait, séance tenante, les cathéters américains jusqu'aux plus volumineux.

A la suite de ces manœuvres, il y avait toujours un écoulement assez abondant, de la douleur en urinant et même une excitation générale assez grande, me dit l'entourage du malade. L'écoulement était gommeux, tachant le linge, l'empesant, légèrement jaunâtre; très abondant après les séances de cathétérisme, il diminuait ensuite peu à peu. Ce malade vint en France. Trouvant qu'il urinait moins bien, il me fit appeler pour que je lui passe, après avoir injecté dans l'urètre de la cocaïne, les cathéters métalliques qu'il portait avec lui. A cette première visite, je constate une disposition vicieuse du prépuce, qui est court et étroit, assez étroit pour qu'une sonde n° 22, introduite dans la partie antérieure du pénis, provoque la tension du prépuce sur la surface du gland. Avec les gros cathéters métalliques, que je n'ai pas voulu introduire, la distension du prépuce devait être très forte. La verge étant à l'état de repos, le prépuce, étroit, ne recouvre pas complètement le gland; la verge étant en érection, le bout du gland fait hernie dans l'orifice préputial et la verge est arquée, le gland étant fortement tiré en bas. Le malade se plaint d'uriner difficilement, d'être obligé de pousser pour uriner. Cependant, il a remarqué qu'après le coït complet il urine beaucoup plus facilement. Il y a une grande sensibilité du testicule et du cordon gauche, qui se prolonge en haut vers l'épine iliaque et la région rénale. La région iléo-inguinale de ce côté est le siège d'une hyperesthésie cutanée variable dans son intensité, suivant les moments. Le malade me dit qu'il a eu des gonflements du testicule gauche et même, une fois, une véritable orchite après le passage de ces cathéters. Au toucher rectal, pas de sensibilité localisée; la prostate est peu volumineuse, les vésicules séminales, en raison de leur distension, sont reconnues par le doigt et ne présentent rien d'anormal. Il y a, ce qui est très fréquent chez ce malade, un développement très notable des hémorroïdes. Avant de faire quoi que ce soit dans l'urètre, je dis au malade que tous les troubles fonctionnels qu'il éprouvait pouvaient être dus à son prépuce. Je conseillai d'en faire le débridement. Mais il était tellement convaincu qu'il avait un rétrécissement de l'urètre, que ce rétrécissement provoquait l'écoulement, qu'il voulut absolument que je lui passe un cathéter en métal. Je passai une bougie en gomme n° 21, et je ne rencontrai pas le plus léger obstacle. Après plusieurs mois d'hésitation, je fais le débridement du prépuce; la verge se redresse et, peu à peu, le pénis en érection est absolument droit. Ce redressement ne se fait pas sans douleurs le long de la face inférieure de la verge. Le malade dit que, depuis l'opération, il urine plus franchement et que le jet est plus droit. Le méat, par suite du redressement de la verge, prend une position plus élevée. Il en résulte quelques changements dans la forme du jet, du reste absolument sans importance, et cette élévation n'est pas assez grande pour nécessiter le débridement.

» Un mois après cette opération du prépuce le malade est de nouveau hanté de l'idée du rétrécissement. Malgré l'absence de tout signe de rétrécissement, malgré tout ce que je puis lui dire il veut être sondé. Je lui passe d'emblée le cathéter Beniqué nº 42, sans trouver le plus léger obstacle.

» Enfin trois mois après, se croyant toujours atteint de rétrécissement je lui passe, avec la cocaïne, le nº 48 Beniqué, sans difficulté.

» Ce n'est qu'à grand'peine que je pus obtenir de ce malade un usage régulier des fonctions génitales; alors, tout fut au mieux. »

Nous avons tenu à donner ce fait ici pour bien montrer comment les cathéters volumineux introduits sans douleur, grâce à la cocaïne, peuvent provoquer une hypersécrétion prostatique avec irritation douloureuse de la prostate après leur passage, et comment ces manœuvres de surdilatation de l'urètre peuvent déterminer une inflammation aiguë ou chronique de la prostate des plus tenaces comme dans l'observation XVI.

Il y a longtemps, très longtemps même, qu'il est démontré que le passage d'instruments volumineux dans l'urètre peut provoquer des poussées inflammatoires du côté de la prostate avec excitation vésico-urétrale (cystite). Et franchement si nous nous sommes étendus sur ces prostatites dues aux cathéters trop volumineux, c'est pour mettre en garde les praticiens contre l'usage actuel d'introduire les cathéters les plus gros dans l'urètre. La cocaïne, par son action anesthésique locale, masque trop la sensibilité et permet de distendre outre mesure les parois de l'urètre, soit dans sa partie pénienne, soit dans la région prostatique et de provoquer en ces points des irritations locales qui se traduisent par les inflammations chroniques dont nous venons de parler. Aussitôt l'anesthésie de la cocaïne passée, la douleur apparaît et l'irritation des tissus ou des éléments glandulaires de la prostate se produit; alors les écoulements glandulaires, l'excitation vésico-urétrale (cystite) durent pendant quelques jours après ces manœuvres dilatatrices et quelquefois persistent longtemps.

Pour terminer l'étude des accidents causés par le cathétérisme avec des instruments trop volumineux chez les individus qui ont des affections glandulaires de la région prostatique ou chez ceux qui ont de véritables rétrécissements de l'urètre, il faut ajouter que ce cathétérisme est quelquefois suivi de véritables abcès de la prostate. « J'ai observé, en 1878 (1), un médecin de marine qui s'était fait traiter un rétrécissement de l'urètre par la dilatation poussée très loin avec les cathéters métalliques (américains) presque droits. Il avait un abcès de la prostate qui s'est ouvert par le rectum. Depuis il a conservé une sensibilité de la région profonde de l'urètre qui se manifeste par de la douleur en urinant sous l'influence du moindre refroidissement et de la moindre cause. Actuellement il a toujours du muco-pus dans l'urine et il ne peut passer une sonde

(1) Reliquet.

en gomme, en prenant toutes les précautions antiseptiques, sans éprouver une douleur très grande dans la région profonde de l'urètre et, ce qui est encore plus sérieux, des douleurs dans les articulations (genoux, pieds), dans les heures qui suivent l'introduction de cette bougie. »

Cette irritation vésico-urétrale avec sensibilité exagérée de la région profonde de l'urètre et en particulier de la région prostatique au passage des sondes, est un fait que nous rencontrerons toutes les fois qu'une cause irritante existe dans les éléments glandulaires de la prostate ou dans le tissu prostatique, ainsi dans les cas d'oblitération des canaux excréteurs, d'un ou plusieurs éléments de la prostate, d'oblitération des canaux éjaculateurs, comme les faits publiés par nous dans nos études sur les coliques spermatiques, comme les cas que nous donnerons plus loin où il y avait à la fois oblitération des voies séminales et des orifices glandulaires de la prostate, faits tout spéciaux qui demanderont une description à part.

Les faits que nous venons d'indiquer ne sont pas toujours dus à des prostatites succédant de près ou de loin à des blennorragies, comme ceux dont il est question dans ce chapitre. Mais nous avons voulu bien indiquer que le praticien doit être réservé dans la pratique des manœuvres intra-urétrales qui peuvent irriter la région profonde de l'urètre et la prostate en particulier; car à la suite de ces manœuvres qui souvent ne provoquent aucun accident, on a la surprise fort désagréable de voir une irritation vésico-prostatique (un état de cystite) persister, et souvent malgré tous les moyens que l'on emploiera ultérieurement.

Ces prostatites glandulaires chroniques s'accompagnent, on pourrait même dire provoquent des états nerveux particuliers se traduisant par une sensibilité exagérée à toutes les choses habituelles de la vie, une impressionnabilité au bruit, des impatiences sans raison suffisante, quelquefois aussi, il y a excitation des organes génitaux, érections fréquentes et prolongées, parfois même allant jusqu'à la douleur.

Observation XVIII. — *Prostatite glandulaire, induration du tissu prostatique, état nerveux général, excitation des organes génitaux.* — « Au mois de février 1882, je vois M. D..., grand, maigre, âgé de quarante ans, n'ayant jamais eu à ce moment d'affection pulmonaire, très préoccupé de l'écoulement urétral chronique qu'il porte depuis longtemps et dans un état tel qu'il ne supporte pas le bruit autour de lui, qu'un bruit brusque, même faible, provoque un soubresaut; il se plaint aussi d'érections prolongées avec irritation dans l'urètre, d'envies fréquentes d'uriner (toutes les heures). Il est vrai qu'il ne coïte plus en raison de l'écoulement. Pendant que je l'interroge, il se lève et se remue avec une grande agitation.

» Au toucher rectal, le lobe gauche de la prostate, un peu volumineux, ne présente pas de dureté. Le lobe droit, très gros, dur d'une façon uniforme est saillant dans le rectum. Par l'urètre, au moment du toucher, il sort un liquide louche jaunâtre; au microscope, leucocytes très nombreux, sympexions assez gros, des spermatozoïdes immobiles assez nombreux, beaucoup adhérant aux sympexions. Traitement : grands lavements avec la longue canule, suppositoires iodoforme et jusquiame, régime lacté, créosote.

» Chez ce malade, la crainte de la tuberculose était dans mon esprit après ce premier examen, malgré l'absence de tout antécédent individuel similaire.

» Je revois le malade le 5 avril 1882. Il arrive tout joyeux. Il n'urine plus que toutes les quatre ou cinq heures, ne se lève plus la nuit pour uriner; il raconte que les taches de sperme sur le linge ne sont plus jaunes, qu'il n'a plus d'écoulement, que le coït a produit chez lui un grand soulagement. Au toucher rectal, il n'y a pas de sensibilité ; le lobe droit de la prostate est revenu sur lui-même, les deux lobes sont symétriques et la corne droite est encore un peu dure. Par l'urètre il sort environ un centimètre cube d'un liquide opalin, non filant, présentant quelques grumeaux blancs au microscope. Pas de spermatozoïdes, mais des leucocytes et quelques sympexions. On continue le même traitement.

L'état nerveux a beaucoup diminué ; mais, en raison de l'agitation qui se manifeste surtout le soir, je lui conseille de prendre un ou deux grammes de bromure de potassium en se couchant.

Le 5 juin 1882, l'état général est toujours très amélioré, le malade urine peu souvent le jour et jamais la nuit. Il prétend avoir quelquefois de la chaleur en urinant. Les érections très fréquentes existent toujours, mais sont moins fatigantes, le coït étant régulier. Peut-être le bromure que prend le malade le soir atténue-t-il la persistance des érections. A un des coïts, l'éjaculation a été suivie de quelques gouttes de sang, mais sans douleur. Au toucher rectal, la prostate est symétrique, les deux lobes sont de consistance un peu molle, sans induration. Il sort par l'urètre, au moment du toucher, une quantité assez grande d'un liquide opalin contenant des stries blanches : tout cela gomme le linge sans y laisser de traces jaunes. Au microscope les stries blanches sont constituées par du mucus dans lequel sont pris comme dans de la glace les spermatozoïdes ; autour, les spermatozoïdes nombreux sont très mobiles ; quelques sympexions peu gros. L'état nerveux est très sensiblement amélioré.

» Dans cette observation, l'état nerveux et l'excitation génésique dominaient. Mais à mesure que les sécrétions de la prostate se sont modifiées, que les fonctions génésiques ont pu être rétablies, les troubles nerveux généraux et les troubles fonctionnels de miction, d'excitation vésico-urétrale, se sont vite améliorés. »

Observation XIX. — *Hypersécrétion glandulaire de la prostate et des voies séminales. Troubles de miction, état douloureux des voies séminales. Coït régulier ; guérison.* — « X..., trente-deux ans, très bien constitué, tempérament nerveux, me consulte en 1889. Il se plaint de difficultés pour uriner, de douleurs fréquentes en urinant et par instant d'envies très rapprochées. Il dit être très sujet aux orchites ; à différentes reprises, il est resté couché longtemps pour en obtenir la résolution. Pendant ces orchites il a des érections prolongées douloureuses qui deviennent très fatigantes,

» Le méat est placé haut sur le gland sans être étroit; le cul-de-sac en arrière de la commissure inférieure du méat est profond. Le contact du stylet avec le fond du cul-de-sac est très douloureux et donne du sang.

» Au toucher rectal : prostate volumineuse présentant des saillies arrondies de consistance ferme, mais sans dureté. La pression du doigt sur l'organe fait sortir par le méat une grande quantité de mucosités opalines, jaunâtres non transparentes. Le malade étant relevé, l'écoulement continue.

» Une bougie conique olivaire très souple n° 19 passe librement dans l'urètre.

» Le malade a un écoulement habituel qui gomme le linge; le centre de la tache est jaune. Cet écoulement arrive au méat par petites masses à des intervalles variables; il est très fréquent au moment des garde-robes.

» Le malade dit avoir des alternatives d'excès de coït, avec érections prolongées et d'abstinence pendant une longue période; c'est alors que se produisent les érections douloureuses, de même que le gonflement douloureux des cordons et des épididymes.

» Il y a une certaine amélioration sous l'influence de grands lavements tièdes quotidiens, de suppositoires à l'iodoforme et à l'extrait de jusquiame.

» Comme l'écoulement ne cède ni aux balsamiques, ni aux préparations de goudron, créosote, etc., je fais le débridement du méat. Il se produit à la suite une certaine amélioration dans la miction; l'écoulement diminue, mais toujours le toucher rectal provoque l'évacuation de mucosités.

» Le malade continue ses alternatives d'abus de coït et d'abstinence prolongée et les troubles de la miction reparaissent en même temps que le gonflement douloureux des testicules. Cela dure pendant les années 1890 et 1891.

» Le coït régulier sans érections prolongées était toujours conseillé au malade; mais je n'étais pas écouté. Malgré l'écoulement qui, du reste, par moment devenait absolument clair sans traces de pus, je conseillais également le mariage, opinion que combattait le médecin ordinaire du malade, parce qu'il craignait la tuberculose et que dans le sperme examiné au microscope il n'avait pas trouvé de spermatozoïdes.

» Après bien des hésitations, on se décida au mariage; la période des fiançailles fut très pénible et ce jeune homme eut, d'une façon aiguë, ce que l'on observe souvent en pareil cas. Les cordons et les testicules furent à plusieurs reprises le siège d'un gonflement douloureux qui durait quatre et cinq heures. Une éjaculation amenait le calme.

» Tous les accidents du côté de la miction et des organes génitaux ont disparu depuis le mariage. Le 26 mars 1893 je revois M. X... Il me dit ne s'être jamais aussi bien porté. Il a parfaite apparence. A droite, il y a une légère induration de l'épididyme. A gauche il n'y a rien d'anormal. Le toucher rectal dénote une prostate de volume normal, à lobes symétriques sans la moindre saillie ou nodosité et la pression du doigt sur la glande ne fait sortir aucun liquide par le méat. »

Dans ces deux observations, il est évident que l'affection primitive et cause de tous les accidents a été l'inflammation des éléments glandulaires de la prostate et leur hypersécrétion. Dans la seconde observation, ce fut le point de départ de l'irritation des cordons et même des testicules considérée comme de véritables orchites et traitée de même.

Un autre côté de la question se présente ici, c'est l'état nerveux général se traduisant par une impressionnabilité excessive qui disparut lors de la guérison de la prostatite chronique et du rétablissement des fonctions génitales.

Nous avons observé un certain nombre de sujets chez lesquels la prostatite chronique glandulaire avec hypersécrétion coïncidait dans ses exacerbations avec des hémorroïdes. Ces poussées hémorroïdales n'étaient-elles pas la cause même de l'hypersécrétion des éléments de la prostate? En tous cas, l'amélioration du côté de la prostate ne se produisait que lorsque l'on s'était rendu maître de la congestion hémorroïdale. Voici un fait très caractéristique :

Observation XX. — *29 avril 1881*. — « M. V..., trente-six ans, bien constitué, vivant au grand air, marié depuis sept ans, a eu une chaude-pisse il y a seize ans, qui a été guérie rapidement.

» Depuis une dizaine d'années, il a des hémorroïdes qui fluent à peu près tous les mois avec une grande régularité. Lorsqu'il y a des retards dans ses hémorroïdes, il éprouve des migraines violentes.

» Il y a trois mois, s'aperçoit d'un écoulement blanc par l'urètre qui gomme le linge; il n'est accompagné d'aucune douleur. Aussitôt le malade cesse tout coït, se tourmente beaucoup, consulte. On le sonde pour s'assurer qu'il n'y a pas de rétrécissement et on ordonne des injections urétrales qu'il fait lui-même. A la suite de ce traitement, les mictions sont plus fréquentes, il y a douleur en finissant d'uriner. Au début de la miction il y a souvent un peu de sang. Les hémorroïdes qui ne fluaient que tous les mois sont presque constamment gonflées et fluent bien plus fréquemment depuis ces trois mois.

» Depuis cet état des voies urinaires et des hémorroïdes, c'est-à-dire depuis trois mois, il n'a pas eu de migraine. Pas de constipation habituelle.

» Au toucher rectal : prostate peu grosse, hémorroïdes internes flottantes jusque devant la prostate. Les cornes de la prostate sont volumineuses, mais peu dures, la partie moyenne est sensible, le toucher de la prostate fait sortir par l'urètre un liquide hyalin contenant des grumeaux blancs, fermes, assez volumineux. Au microscope : nombreux globules de pus, des sympexions, des spermatozoïdes, de nombreux grains brillants. Un seul spermatozoïde remue; quelques vibrions. L'urine peu chargée est jaune. Au-dessus des hémorroïdes il y a des matières fécales.

» Je conseille au malade les grands lavements, les suppositoires à la jusquiame, le régime lacté absolu et deux perles de térébenthine par jour.

» *Le 18 mai*. Depuis quinze jours les hémorroïdes ne fluent pas, les masses hémorroïdales sortent en allant à la garde-robe et doivent être réduites après. Il n'y a plus d'envies fréquentes d'uriner (deux fois la nuit et quatre fois le jour seulement) ; mais l'envie est toujours impérieuse. Il n'y a eu que deux ou trois fois de la douleur en urinant et encore légère.

» Les urines sont plus chargées d'acide urique.

» Le coït n'est pas douloureux. Au toucher rectal : saillie hémorroïdale moins forte, lobes latéraux de la prostate symétriques, un peu tendus. Une légère pression fait sortir un liquide lactescent offrant de petits grumeaux blancs. Au microscope : leucocytes, quelques sympexions, pas de spermatozoïdes. On continue les grands lavements. Tous les cinq jours, je fais prendre une dose de 10 grammes de sulfate de soude dans un verre d'eau. Matin et soir, une heure avant le repas, le malade prend un demi-verre d'eau de Vichy.

» *Le 13 juillet.* Il n'y a plus aucun écoulement spontané, la pression du doigt sur la prostate ne fait plus sortir aucun liquide. Le malade n'a pas eu de poussée hémorroïdale depuis deux mois. Il continue à prendre du sulfate de soude tous les huit jours et un demi-verre d'eau de Vichy tous les jours.

» Depuis 1881 jusqu'à 1893, j'ai vu ce malade à des intervalles de cinq ou six mois. Il a eu des poussées hémorroïdales extrêmement violentes, provoquant des excitations vésico-urétrales, des mictions fréquentes et même un peu douloureuses, mais sans la production de cet écoulement prostatique qui l'avait tant inquiété. Plusieurs fois j'ai dû lui donner de l'hamamelis à l'intérieur qui calmait très vite ses hémorroïdes. Une fois il vint me trouver disant qu'il avait la tête en feu. En effet, il était rouge, turgescent, très agité, s'inquiétant de tout, voyant tout en noir. Il me raconte qu'il n'a pas eu ses hémorroïdes depuis quatre mois. Je lui conseillai de suite de revenir aux petites purgations répétées avec le sulfate de soude ; quelques jours après, il allait beaucoup mieux. »

Dans ce fait, l'hypersécrétion prostatique a certainement été provoquée par la congestion hémorroïdale, et s'il n'y avait pas eu l'intervention par le cathétérisme et par les injections urétrales, il est bien probable que les troubles douloureux de la miction ne se seraient pas produits. Ces troubles seraient restés ce qu'ils sont fréquemment chez les hémorroïdaux au moment de la poussée hémorroïdale. Une autre cause, dans ce fait, a aggravé l'état local : l'apparition de cet écoulement, même non purulent, a effrayé le malade qui s'est cru atteint d'écoulement virulent ; il a cessé tout rapprochement sexuel, ce qui a déterminé une augmentation de l'écoulement prostatique et une excitation vésicale plus marquée. Ainsi, d'une part, intervention directe qui a été nuisible ; d'autre part, cessation de tout coït, également nuisible.

Il est curieux de voir combien il est difficile, dans certains cas, de faire comprendre au malade que l'évacuation naturelle par le coït complet des produits de sécrétion qui entrent dans la composition de la masse totale du sperme provoquera, chez eux, une amélioration certaine dans les troubles fonctionnels qu'ils éprouvent ; ils sont terrifiés par l'écoulement. Ils croient toujours à l'urétrite pouvant contaminer et sont toujours très étonnés de l'amélioration qui se produit chez eux après le coït. Ici, en réalité, il s'agit d'une hypersécrétion prostatique provoquée par la congestion hémorroïdale périphérique et non d'une prostatite vraie. Nous avons tenu à donner ce fait à cette place pour bien faire comprendre combien les congestions hémorroïdales de cette nature ou la congestion hémorroïdale ordinaire, peut être un élément d'aggravation dans les cas de prostatite glandulaire vraie. Ce sont, du reste, des faits qui ne sont pas rares.

Voilà une série d'exemples de prostatite glandulaire avec troubles fonctionnels, soit des excitations vésico-urétrales apparaissant sous l'influence des causes les plus variées, soit de la douleur au moment de l'émission du sperme, douleur pouvant se continuer un certain temps après, et qui constitue un des symptômes de la colique spermatique ; enfin, l'altération du liquide éjaculé qui peut être sanguinolent ou chargé de pus, comme l'indique la tache sur le linge.

Lorsqu'on examine les liquides évacués par l'urètre sous l'influence de la pression du doigt sur les éléments de la prostate, il y a un fait qui est presque constant, c'est de trouver au microscope des spermatozoïdes dans ce liquide d'origine glandulaire prostatique, qui ne devrait contenir que des sympexions, des leucocytes, des sympexions prostatiques, des granulations brillantes prostatiques. Il est évident que les spermatozoïdes viennent des canaux éjaculateurs et que la pression du doigt sur ces canaux et peut-être sur la partie antérieure des vésicules séminales en provoque l'expulsion. Si nous nous reportons aux observations que nous venons de donner et à celles nombreuses que nous possédons, nous reconnaissons de suite que la présence des spermatozoïdes dans le liquide évacué de la prostate par le toucher ne se constate qu'aux premiers examens et souvent au premier examen seul. En tout cas, on n'en retrouve plus lorsque le coït a été pratiqué, et, comme conclusion, on peut dire qu'on ne trouve de spermatozoïdes dans les liquides évacués de la prostate par le toucher rectal, que chez les malades qui sont restés sans pratiquer le coït depuis un certain temps, presque toujours plusieurs mois.

Ces liquides prostatiques qui constituent l'écoulement chronique produisent sur le linge, nous l'avons dit, des taches qui le gomment, avec liséré grisâtre et teinte générale plus ou moins jaune. Un des signes de l'amélioration de la prostatite est la diminution de la teinte jaune qui finit par être un point au centre de la tache et autour, jusqu'à la périphérie de la tache, le linge est plus ou moins blanc et gommé. Enfin, la tache devient complètement blanche et alors il n'y a plus que de l'hypersécrétion. Les troubles fonctionnels et l'état général qui, le plus souvent, est un état nerveux, vont en s'améliorant à mesure que la nature de l'écoulement se rapproche de plus en plus de la sécrétion normale des glandes et que, par conséquent, les taches deviennent de moins en moins colorées.

Nous signalerons seulement ici la coexistence de la prostatite chez de jeunes sujets avec la formation dans l'urètre de phosphate ammoniaco-magnésien. La pression du doigt sur la prostate fait sortir ce phosphate au milieu des sécrétions, et l'urine, acide dans la vessie, acide également dans le vase quelques instants après son émission, devient rapidement alcaline. Elle se charge de phosphate en passant dans l'urètre.

Cette variété de prostatite, améliorée par le traitement habituel, certaines eaux (Contrexéville, la Preste), est très difficile à guérir et elle devient volontiers l'origine d'une infection générale.

Puisque, encore une fois, nous sommes amenés à parler du retentissement des suppurations glandulaires sur l'organisme tout entier, chaque jour nous apporte de nouvelles preuves de ce fait. L'infection générale se traduit par des accidents fébriles, par des manifestations rhumatoïdes, même graves, du côté des articulations et des séreuses.

Nous pensons et nous avons même observé, dans un certain nombre de cas, que le retour à l'état de sécrétion normale des liquides prostatiques coïncidait toujours avec l'amélioration des accidents rhumatoïdes dont nous venons de parler. Même chez les sujets jeunes, en pleine puissance des fonctions génitales, l'inflammation des éléments glandulaires a forcément une action sur le tissu périphérique, c'est-à-dire sur le muscle de la prostate. Elle y provoque un état tel que les fibres musculaires expultrices peuvent être paralysées dans leur action sur la cavité glandulaire, soit par l'inflammation du tissu conjonctif périphérique, soit par la sensibilité même de la fibre musculaire au milieu de ce tissu enflammé, ce qui se traduit cliniquement par ces indurations du tissu de la prostate que nous percevons au toucher. Aussi, quand le toucher rectal reconnaît la souplesse plus grande de la prostate, la disparition des indurations plus ou moins diffuses et localisées, il y a presque toujours en même temps amélioration dans la nature des liquides évacués et aussi amélioration dans les troubles fonctionnels, soit de la miction, soit de l'évacuation du sperme.

En résumé, l'induration de la prostate disparaissant et le tissu prostatique reprenant sa consistance normale, les liquides évacués se rapprochant de plus en plus de l'aspect physiologique, sont les indices d'une marche certaine vers la guérison. Bientôt le muscle de la prostate a repris complètement sa fonction et le toucher rectal ne fait plus sortir par l'urètre le moindre liquide. En même temps, toutes les autres fonctions redeviennent normales : c'est alors la guérison.

Lorsque, malgré le traitement que nous résumerons à grands traits tout à l'heure, il persiste dans la prostate des points plus ou moins durs, plus ou moins sensibles, avec évacuation par l'urètre au moment du toucher de liquides qui n'ont jamais les caractères particuliers du liquide normal de la prostate, si en même temps les taches jaunes persistent avec coloration plus ou moins verte, si surtout cette tache jaune ne gomme plus le linge comme le fait le sperme vrai, dans ce cas il faut craindre une lésion organique, qui le plus souvent est la tuberculose.

TRAITEMENT

TRAITEMENT DES PROSTATITES EN GÉNÉRAL. — RÉGIME

Ce que nous avons dit de la pathogénie et de la physiologie pathologique de ces prostatites, nous a conduit à établir le traitement qui, jusqu'à présent, nous a toujours rendu service. D'abord, maintenir le rectum constamment vide pour éviter tout phénomène de congestion de la prostate et des organes voisins. Les garde-robes doivent être rendues sans efforts. Pour cela, on donnera, matin et soir, le grand lavement d'un litre d'eau tiède à 37 degrés centigrades, avec la grande canule en gomme, pris étant couché, et le liquide arrivant très lentement dans l'intestin. On mettra dans l'eau du lavement de la glycérine, du gros miel ou tout autre léger laxatif qu'on peut juger convenable.

Une autre indication est d'éviter tout phénomène spasmodique dans les éléments musculaires de la prostate; avoir le repos absolu de tous les muscles expulseurs des liquides prostatiques de façon à ne provoquer aucune surexcitation locale qui aurait certainement pour effet d'aggraver les phénomènes inflammatoires. Pour cela, le grand lavement étant rendu, matin et soir, on met dans le rectum, soit un suppositoire, composé de 5 centigrammes d'extrait de jusquiame et de 10 centigrammes d'iodoforme, par exemple, avec 3 grammes de beurre de cacao. S'il ne suffit pas tel que, on ajoute 1 à 2 centigrammes d'opium, ou bien on injecte dans le rectum un petit lavement composé de 20 centigrammes de camphre émulsionné avec un jaune d'œuf, dans 80 grammes d'eau, auquel on adjoint jusquiame et opium à la dose qui convient pour le cas donné. Ce petit lavement doit être porté très haut dans l'intestin avec une seringue et une canule en gomme, et il doit être à la température de 37 à 40 degrés.

Quand l'état aigu ou subaigu a cessé, qu'il n'y a plus d'induration, qu'il n'y a que l'écoulement plus ou moins chargé de pus, il faut donner les préparations de goudron ou les balsamiques qui conviennent au cas donné, en raison de l'état diathésique général du sujet. La majorité des malades atteints de prostatite chronique sont plus ou moins lymphatiques. Chez ceux-là, le rhum créosoté (7 grammes pour 500, par exemple), pris par cuillerée à bouche dans un verre d'eau, matin et soir, en mangeant, même à doses plus fortes, rend de réels services. Il est bon d'habituer le malade à la créosote sous cette forme, en commençant par une cuillerée à café dans un verre d'eau, matin et soir, en mangeant (1).

(1) Lorsque le rhum créosoté n'est pas supporté, on peut employer les capsules de créosote à l'huile de faine.

Lorsque l'état général arthritique ou herpétique domine, il faut alors arriver au balsamique qui convient le mieux au sujet. Celui qui nous a paru le plus utile est le santal; mais il y a toujours un certain tâtonnement qui pourra faire essayer successivement la térébentine de Venise, le santal, etc. Dans beaucoup de cas il faut donner de l'arsenic; la liqueur de Fowler, à la dose qui convient, et même les bains arsenicaux, 6 à 8 grammes d'arséniate de soude pour un bain.

Plusieurs fois, chez des athritiques vrais, ayant toujours les urines plus ou moins chargées d'acide urique, chez lesquels l'urine irritait forcément la prostate, des petites quantités d'eau de Vichy, un demi-verre, très rarement un verre, avant le repas, ont suffi pour donner une amélioration.

Tel est le traitement qui s'adresse directement à la lésion que nous voulons arriver à faire disparaître; mais le régime, chez ces malades, n'est pas indifférent. Il ne faut pas que, sous l'influence de la nourriture ou des boissons, il y ait de l'excitation prostatique. Cette indication thérapeutique se trouvera réalisée par le régime suivant :

Le but à atteindre est d'avoir des urines aussi peu irritantes que possible. Il faut s'éloigner de l'acidité par trop grande et ne jamais arriver à l'alcalinité de l'urine. Les extrêmes dans l'état du liquide urinaire sont nuisibles dans toutes les affections des voies génito-urinaires; elles mettent en action la sensibilité de ces différents organes, rendent plus fréquentes les envies d'uriner, peuvent provoquer de la douleur en urinant, peuvent même, l'un et l'autre, irriter d'une façon violente les différents points de ces appareils d'expulsion. L'excès d'acidité irrite, sans provoquer facilement l'inflammation des tissus et l'altération des liquides en contact avec ces tissus. L'alcalinité de l'urine peut provoquer, sur les surfaces des voies urinaires, des inflammations de la muqueuse, des foyers de production de phosphate ammoniaco-magnésien, soit dans la rétention d'urine, entre deux colonnes, soit à la surface même des tissus des voies urinaires. Dans le cas spécial qui nous occupe, la production de phosphate ammoniaco-magnésien, cristallin ou terreux, dans la région prostatique de l'urètre, et surtout dans les éléments glandulaires de la prostate, constitue une complication déjà signalée, complication grave par la difficulté qu'on éprouve à la faire cesser.

Le régime doit donc être très observé. Chez tous ces malades, quelle que soit la prédominance de l'état diathésique, lymphatique, arthritique ou autre, le régime lacté absolu (une tasse de lait chaque deux heures ou deux heures et demie, prise par gorgées séparées, en se lavant la bouche avant et après avoir bu le lait, avec de l'eau de Vichy), permettra de faire prendre au malade deux litres à deux litres et demi de lait par vingt-quatre heures. Sous l'influence de ce régime, en ayant soin de maintenir le traitement local, on voit vite se produire une sédation dans les phénomènes d'excitation urétro-vésicale (cystite). Les envies d'uriner sont moins fréquentes, la quantité d'urine rendue chaque fois est plus grande, les urines sont plus claires. Tout cela contribue à la disparition des phénomènes spasmodiques de la région profonde de l'urètre et de la vessie, permettant l'évacuation plus facile des produits de sécrétion des glandes de la prostate. Toutes les fois qu'il y a un état aigu provoqué par la prostatite glandulaire quelle qu'elle soit, on prescrira le régime lacté absolu et, pour le faire supporter autant qu'il est nécessaire, on permettra tous les aromates possibles, mêlés au lait, qui plaisent au malade, et même les soupes à l'oignon et au lait avec des croûtes de pain grillé.

Lorsque la prédominance de l'acidité de l'urine fait qu'il y a des dépôts acides (acide urique abondant), sous l'influence du régime lacté, qui donne des urines abondantes, ces dépôts uriques disparaissent très vite et, en même temps, la miction devient plus facile.

Chez les sujets qui font déjà des phosphates ammoniaco-magnésiens, l'expulsion des mucosités phosphatiques se fait beaucoup plus facilement sous l'influence du régime lacté et, certainement, les phosphates se renouvellent moins facilement.

Dès que les accidents aigus ont disparu, que l'état local s'est amélioré, il faut arriver à nourrir les malades ; on passe d'abord par le régime mixte, le lait formant la principale boisson, les viandes blanches, les légumes verts, non acides et cuits.

Lorsqu'il ne reste plus qu'un état chronique qui ne peut être modifié que par un traitement de longue durée, lorsqu'il s'agit, par exemple, de faire disparaître les indurations des éléments glandulaires, quelle qu'en soit la nature, il faudra toujours, dans le régime, proscrire systématiquement les acides organiques et les aliments dits excitants, produisant avec facilité des matériaux solides devant être expulsés par les urines.

On formulera ainsi le régime :

Se nourrir de viandes rôties, cuites, et de légumes verts non acides (chicorée, laitue, pissenlit, etc.), cuits, crus, en salade, mais très peu vinaigrés.

Manger le poisson bouilli. Boire du vin non acide, avec beaucoup d'eau et l'eau la moins chargée en principes solides est la meilleure (Évian, Sail). Pas d'eaux gazeuses.

Boire du lait. (Souvent les malades s'habituent à boire le lait coupé d'eau aux repas.)

Jamais de farineux, jamais d'asperges, jamais d'acides organiques (oseille, tomates, aubergines, pommes crues, citrons, oranges, vinaigre, etc.). Jamais de coquillages, jamais de crustacés.

Chez presque tous ces malades, il est bon de favoriser une évacuation bilieuse de temps en temps. Chez eux, nous donnons la préférence au sulfate de soude ; 10 à 15 grammes de sulfate de soude, mélangés à 3 ou 4 grammes de bicarbonate de soude pour une prise, dissoute dans un verre d'eau, à boire le matin à jeun. Il va sans dire que, par tâtonnement, on déterminera la dose exacte qui convient à chaque malade. Toutes les fois qu'il y a indication à une purgation, on donnera une purgation saline, de préférence à base de sulfate de soude, et on fera suivre la prise de la purgation de boissons très abondantes (un litre et demi ou deux litres), soit de bouillon aux herbes préparé avec cerfeuil et laitue, sans oseille et sans corps gras, auquel on ajoute un peu de sel, soit de thé très léger.

Ces boissons abondantes maintiennent la quantité d'urine, empêchent l'irritation vésico-urétrale que provoquerait la purgation ; de là leur utilité incontestable.

Nous nous sommes étendus assez longuement sur ce régime et nous le citerons souvent, car il convient dans presque toutes les affections des voies urinaires.

RÉTENTION DES PRODUITS DE SÉCRÉTION

DANS LA PROSTATE CHEZ DE JEUNES SUJETS

Nous avons parlé longuement des causes qui peuvent retenir les produits de sécrétion dans les cavités glandulaires de la prostate. Au point de vue pathologique, tout ce qui provoque la rétention des produits de sécrétion dans les éléments glandulaires de la prostate entraîne une augmentation de volume de l'organe qui peut aller jusqu'à déplacer le col vésical en l'élevant et devient ainsi la cause des troubles fonctionnels de l'émission de l'urine. Nous nous sommes expliqués sur ces faits dans les leçons sur les *stagnations et rétentions d'urine prostatiques*. Dans ce travail général sur les glandes de l'urètre, et ici sur la prostate, nous aurons à y revenir lorsque nous nous occuperons de ce que l'on appelle l'hypertrophie de la prostate, ce que nous nommerions bien plus volontiers la prostate sénile. Mais avant que les altérations séniles des tissus n'aient provoqué la dilatation des éléments glandulaires et la rétention ou stagnation des produits de sécrétion glandulaires dans leur cavité, ce que nous avons démontré déjà, il arrive que la rétention des liquides dans les éléments glandulaires peut exister, les tissus périphériques n'ayant aucune des altérations dues à la sénilité.

Cette rétention des produits glandulaires, outre l'augmentation de volume de la prostate et le déplacement du col vésical qu'elle peut produire, lorsqu'elle provoque une irritation locale, soit d'une façon constante, soit au moment des actes d'évacuation de l'urine ou du sperme, provoque également parfois un spasme de l'urètre qui va même jusqu'à une contraction violente et qui entraîne la rétention d'urine complète. Si ce n'était l'âge du sujet qui n'a pas dépassé quarante ou quarante-cinq ans, si ce n'était aussi le phénomène spasmodique violent de la région profonde de l'urètre qui ne permet pas de passer un instrument volumineux, on se croirait devant la rétention d'urine prostatique sénile vulgaire. Il y a aussi un fait qui vient montrer qu'il ne s'agit pas de sénilité. C'est l'évacuation spontanée, en dehors de tout rapport sexuel ou par rapport sexuel normal, des liquides prostatiques abondants parfaitement normaux n'ayant aucune trace de purulence, évacuation qui clôt d'une façon définitive tous les phénomènes douloureux et les troubles fonctionnels que l'on a observés.

Voici deux faits :

OBSERVATION XXI. — *Augmentation considérable de volume de la prostate. — Spasme de l'urètre. — Spasme génital sans éjaculation. — Douleur au moment du paroxysme génital. — Très grande sensibilité du gland après le coït. — Méat étroit placé haut sur le gland. — Débridement du méat.* — « M. X..., quarante-trois ans, un peu obèse, de bonne constitution générale, vient me consulter le 13 mai ;

il se plaint d'uriner souvent par un petit jet difficile à venir et avec douleur, d'avoir un poids constant dans l'anus et le périnée, de ne pouvoir s'asseoir sur un siège dur sans souffrir. Il semble qu'il ait, étant assis, une corde volumineuse allant de l'anus vers le gland. Toute pression sur cette corde est douloureuse.

» Depuis plus d'un mois le coït s'est terminé, sans éjaculation, par la sensation habituelle, mais suivi d'un état douloureux allant de l'anus au gland; pendant quelques minutes le gland restait très sensible. Le malade croit sentir le sperme remonter vers la vessie, mais il n'a jamais vu dans les urines des mictions qui ont suivi le coït un liquide muqueux ressemblant à du sperme.

» Au toucher rectal : gonflement général au niveau de la prostate, de l'urètre en avant de la prostate et des vésicules séminales ; impossible de reconnaître isolément ces organes. C'est une masse assez consistante, non indurée, qui englobe tout, depuis la portion membraneuse de l'urètre jusqu'en arrière profondément au delà du doigt.

» Par place, on distingue comme des nodosités un peu plus fermes, mais sans consistance caractéristique. Tous les points de la masse sont sensibles à la pression du doigt. Cette exploration de la prostate ne fait rien sortir par l'urètre.

» Une bougie n° 15 passe un peu serrée dans le méat, arrive facilement dans la vessie sans rencontrer d'obstacle, mais provoque une douleur vive en passant dans la prostate et le col vésical.

» Les urines sont peu abondantes, le malade ne buvant pas pour ne point uriner souvent. Dès qu'il boit davantage la quantité d'urine devient normale; il se dépose beaucoup d'acide urique.

» *Le 17 mai*, je fais le débridement du méat avec chloroforme. On donne au malade un grand lavement, matin et soir, avec la longue canule et des suppositoires avec jusquiame et iodoforme. Pendant les deux jours qui suivent, la miction continue d'être la même sans amélioration.

» *21 mai.* — Le soir, les spasmes de l'urètre deviennent beaucoup plus énergiques, la difficulté pour uriner est très grande. Je passe très facilement le n° 20 en caoutchouc vulcanisé ; je retire environ 200 grammes d'urine et j'y laisse de l'eau boriquée.

» *22 mai.* — La vessie se vide, les envies d'uriner sont plus espacées, il y a de nombreux filaments muqueux prostatiques dans les urines. En raison du gonflement général, je donne 10 gouttes d'extrait fluide d'hamamelis, matin et soir.

» *24 mai.* — Toucher rectal : on distingue les différents organes, urètre, prostate, vésicules séminales; mais il y a encore une gangue générale.

» Les jours suivants, les mictions se rapprochent de plus en plus de l'état normal et le malade s'asseoit sans souffrir.

» *28 mai.* — Le doigt délimite très bien la prostate et les vésicules séminales (celles-ci sont gonflées), sans provoquer de douleur.

» *30 mai.* — Coït avec éjaculation sans douleur. Quelques filaments dans les urines qui suivent.

» *2 juin.* — La décongestion est presque complète; la vésicule séminale droite est encore un peu grosse; il n'y a plus aucune sensibilité à la pression du doigt; la miction est normale. Le malade est resté toute la nuit sans uriner; il s'assied comme il veut.

» J'ai revu ce malade souvent; il n'éprouve aucune gêne, il surveille attentivement ses garde-robes et n'a plus de poussées congestives. »

Cette observation montre bien tous les troubles de miction qui se rencontrent dans les cas d'hypertrophie sénile de la prostate, en raison de l'augmentation de volume de l'organe dû à la rétention des produits de sécrétion prostatiques et séminaux. Mais les tissus étant jeunes, l'évacuation de ces produits de sécrétion étant facilitée, la contraction des fibres musculaires expultrices de la prostate et des appareils expulseurs des sécrétions génitales reprenant leur fonction rapidement, tout est rentré dans l'ordre. C'est en petit ce que nous avons observé dans le cas que nous avons publié il y a des années, où il y avait, non seulement gonflement de la prostate et des vésicules séminales, mais des cordons et des testicules, avec stagnation considérable d'urine et hématurie d'origine prostatique. Chez le malade, aussitôt après le débridement du méat, les tissus étant aussi très fermes, ont repris de suite leurs fonctions, en évacuant les produits de sécrétion prostatiques et génitaux (1).

Voici une nouvelle observation où les accidents de rétention d'urine avec signes matériels de faux rétrécissement ont disparu d'une façon brusque aussitôt l'évacuation des liquides prostatiques.

Observation XXII (M. Reliquet.) — M. M..., quarante-deux ans, est amené chez moi par mon confrère le Dr Alix, le 22 février 1892, à deux heures du matin. La rétention d'urine est complète, la bougie s'engage jusqu'au bulbe et son contact avec l'urètre provoque du sang. Je passe avec difficulté la bougie n° 3. Je facilite l'évacuation de l'urine par jets saccadés en retirant la petite bougie, ne maintenant que son extrémité filiforme dans le point rétréci. Après une heure de cette manœuvre, je peux passer une petite sonde conique olivaire n° 6. Elle est très serrée, mais l'urine s'écoule par elle. Ce même jour, à onze heures du matin, chez le malade, je passais facilement une sonde conique olivaire n° 14. La prostate est très volumineuse, très congestionnée. Le soir, à six heures, je passe le n° 17 et je constate que la vessie ne se vide pas.

» *23 février*. — A onze heures du matin, je passe le n° 16 pour vider la vessie. La nuit suivante, à minuit, je suis appelé ; il y a rétention d'urine, je passe le n° 16.

» *24 février*. — Je passe la sonde le matin à dix heures et le soir à neuf heures. Il y a encore rétention d'urine à quatre heures du matin.

» *25 février*. — Je passe la sonde matin et soir, il n'y a pas rétention d'urine la nuit.

» *26 février*. — La sonde est passée le matin. Le malade ayant uriné dans l'après-midi, on ne passe pas la sonde le soir ; il y a rétention d'urine la nuit.

» *27 février*. — Il s'établit brusquement un écoulement gommeux blanc, abondant. Des filaments prostatiques très longs, un

(1) Reliquet, *Gazette des Hôpitaux*, 1883.

peu sanguinolents, sortent avec les premières gouttes d'urine. Le doigt constate que la prostate est revenue sur elle-même, ne présente aucune nodosité. La pression du doigt sur la prostate fait sortir par l'urètre de ce liquide blanc gommeux. Immédiatement la miction est plus facile, plus abondante, se fait sans effort.

Ce même jour, nous trouvons la rate du malade très volumineuse (il va souvent en Amérique du Sud); nous donnons 75 centigrammes de sulfate de quinine par vingt-quatre heures. A partir de cette évacuation du liquide prostatique, le passage des bougies dilatatrices ne rencontre plus d'obstacle et en quatre jours j'arrive très facilement au n° 21.

» Chez ce malade, qui prenait du sulfate de quinine depuis le 27 février, le 2 mars il a eu une éruption rubéolique généralisée que le Dr Alix et moi avons attribuée à ce médicament. A ce moment la rate avait diminué beaucoup de volume. »

Voilà encore un fait où les troubles fonctionnels si graves de rétention d'urine due au spasme de l'urètre, simulant absolument le rétrécissement organique, ont été provoqués par la rétention du produit de sécrétion dans les éléments glandulaires de la prostate. Dans ces faits, l'élément inflammatoire n'existe pas ; on ne peut pas invoquer l'urétrite de la blennorragie antérieure, il n'y a pas trace de pus dans l'écoulement. Ce sont donc bien des troubles fonctionnels graves provoqués par la rétention des produits de sécrétion dans les éléments glandulaires.

Dans le chapitre consacré aux accidents produits par la dilatation des cavités glandulaires de la prostate, soit qu'il y ait eu urétrite antérieure et qu'il y ait purulence des liquides contenus dans la prostate, soit qu'il n'y ait pas eu d'urétrite antérieure et que les liquides retenus dans la prostate soient normaux, nous avons toujours constaté une amélioration après l'évacuation de ces produits de sécrétion prostatique en rétention. Il est vrai que, dans la production de ces évacuations, nous nous sommes astreints à certaines indications et précautions sur lesquelles nous croyons utile de revenir.

L'évacuation des liquides prostatiques peut être faite de deux façons : naturellement par l'éjaculation complète provoquée, le coït, ou artificiellement par la compression et le massage de la prostate, avec le doigt indicateur dans le rectum qui chasse les liquides dans l'urètre, lesquels arrivent à l'extérieur par le méat ; très rarement, ils refluent vers la vessie.

Évacuation par pression du doigt. — La compression du tissu prostatique et des éléments glandulaires qu'il contient doit être faite avec la pulpe de la phalangette sur les différents points de la prostate, de façon à bien reconnaître la consistance des tissus aux différents points, leur dureté ou résistance plus ou moins rénitente, leur dépression plus ou moins facile, l'étendue des points déprimés, la fluctuation même, et afin de ne pas négliger la sensibilité provoquée par ces pressions.

En un mot, l'exploration de la glande doit être complète, et quand il y a rénitence des tissus, douleur à l'exploration de ces tissus, même si, dans ce cas, il s'échappe du liquide prostatique par l'urètre, on arrêtera la compression expulsive sur le tissu rénitent. Ainsi, toutes les fois que les tissus de la prostate sont durs, résistants, il ne faut pas chercher l'évacuation des liquides prostatiques. Il pourrait en résulter consécutivement un état douloureux avec poussées inflammatoires, même de l'excitation pour uriner. Dans un fait de ce genre chez un homme de quarante-trois ans, où la prostate était indurée d'une façon générale, peu sensible au toucher, où la compression par la pulpe du doigt provoquait la sortie d'une quantité de liquide purulent par l'urètre, puisque le malade étant penché en avant pendant le toucher rectal, le pus tombait de son urètre par grosses gouttes très rapprochées. Le malade eut après cette première exploration une pesanteur plus grande dans les aines et au périnée, de la sensibilité en urinant et, il l'affirma, un accès de fièvre dans la nuit qui suivit. Cette aggravation momentanée après l'exploration ne se rencontre jamais que dans le cas de tissus prostatiques indurés plus ou moins sensibles à la pression. Aussi, croyons-nous sage, lorsque nous trouvons ces états pathologiques, de ne jamais chercher à évacuer complètement la prostate.

Il n'en est plus ainsi quand les tissus de la prostate sont devenus souples, quand il n'y a plus de douleur à la pression, quand l'inflammation chronique des tissus prostatiques périphériques aux éléments glandulaires a disparu sous l'influence du traitement approprié que nous avons décrit. Déjà, à plusieurs reprises, à propos des faits particuliers nombreux que nous avons donnés, nous avons touché cette question.

Évacuation par éjaculation. — Dans plusieurs observations que nous avons relatées, il est dit que nous avons conseillé le coït, et il nous est arrivé souvent de constater l'amélioration notable qui en était résulté. Ici, toutes les fois qu'il y a induration de la prostate avec sensibilité des tissus à la pression du doigt, il faut éloigner l'éjaculation, par crainte qu'elle soit accompagnée et suivie d'une douleur violente avec sortie de plus ou moins de sang et d'une réaction inflammatoire pouvant amener la complication grave d'un foyer de suppuration ou, simplement, une acuité plus grande dans la prostatite. Il y a un fait qui se produit souvent dans ces cas : c'est l'érection spontanée, violente, prolongée, quelquefois douloureuse. Il faut la combattre, en empêcher la production par les lavements et médicaments qui conviennent. En un mot, il ne faut pas d'éjaculation spontanée provoquée tant que les tissus périphériques aux éléments glandulaires ne sont pas redevenus souples et non douloureux à la pression. Nous allons même plus loin : on ne doit conseiller l'éjaculation que lorsque les liquides évacués de la prostate redevenue souple (par la compression du doigt) reprennent leur aspect normal, blanc opalin, un peu épais, filant entre les doigts. Souvent nous avons vu les érections pénibles diminuer et même s'atténuer tout à fait lorsque, par le toucher rectal, on vidait les éléments glandulaires de la prostate, le tissu de cet organe ayant repris sa souplesse.

CHAPITRE QUATRIÈME

Prostate sénile.

I

Causes de l'hypertrophie de la prostate (prostate sénile).— Le volume de la prostate reconnu par le toucher rectal est très variable suivant les individus. — Sclérose des tissus prostatiques due à l'évolution sénile, cause réelle de la prostate sénile; cette évolution organique est favorisée par la stagnation et la rétention des produits de sécrétion glandulaire, par la congestion habituelle du petit bassin, par les désordres génitaux (érections prolongées sans éjaculation, par exemple), etc.

Nous préférons le terme de *prostate sénile* à celui d'hypertrophie de la prostate. Il est évident que tous les vieillards n'ont pas ce que l'on appelle l'hypertrophie prostatique avec toutes ses conséquences de troubles urinaires; mais, si tous ne l'ont pas, la prostate sénile, augmentée de volume en masse, en raison de l'évolution organique de tous ses tissus, ne se montre que chez les individus âgés ayant dépassé cinquante-cinq ans, bien rarement à cinquante ans. Elle se produit surtout lorsque les moyens d'expulsion des produits de sécrétion des éléments glandulaires deviennent d'abord difficiles, puis impossibles, en raison de la diminution, de l'insuffisance ou même de la disparition de la contractilité des appareils expulseurs, intrinsèques et extrinsèques. Luttant contre ces appareils expulseurs, il y a naturellement l'état de sclérose des parois des éléments glandulaires et du tissu conjonctif de la prostate, qui annihile l'action des fibres musculaires, alors que celles-ci ont encore conservé une certaine puissance contractile.

Nous nous sommes étendus longuement sur ces évolutions et ces troubles fonctionnels d'expulsion des produits de sécrétion de la prostate. Nous ne pouvons nous répéter ici et reprendre l'étude de l'évolution organique des différents tissus prostatiques avec l'âge. Mais nous devons étudier les causes qui favorisent cette évolution organique.

Causes. — Chez les individus jeunes, ou même âgés, chez lesquels les tissus sont restés souples, chez lesquels la sclérose des différents tissus prostatiques n'existe pas encore, rien n'est plus variable que le volume de la prostate reconnu par le toucher rectal. Si les éléments glandulaires sont remplis par des produits de sécrétion, si à cela on ajoute la congestion du plexus veineux prostatique qui varie de volume, de consistance à la façon des bourrelets hémorroïdaux de l'anus et du rectum (avec lesquels il communique largement), on comprend de suite combien cet organe, la prostate, en apparence si limité par sa contexture anatomique lorsqu'on ne considère que ses éléments musculaires, peut donner à l'exploration par le rectum de notables différences dans l'appréciation de son volume.

Ce volume apparent considérable peut faire croire au chirurgien peu expérimenté à des altérations même organiques, qu'il est tout étonné de ne plus rencontrer les jours suivants, lorsque les causes de congestion veineuse ont été supprimées et que les glandes ont été vidées.

C'est là un fait sur lequel il importe de revenir souvent, pour mettre en garde les praticiens contre des conclusions trop hâtives. C'est ce que nous avons observé très exactement chez un malade *(voir plus haut)* qui était atteint d'ostéomalacie sénile, chez lequel les liquides prostatiques restaient en rétention abondante dans les éléments glandulaires, chez lequel, aussi, il y avait constipation en raison de la douleur causée par le passage des matières fécales contre le coccyx et par la congestion des plexus veineux prostatiques et rectaux. Chez ce malade, un chirurgien de grande valeur a pu être trompé par l'augmentation de volume de la prostate et par sa consistance, au point de conclure à l'existence d'un cancer de cet organe.

Il est évident que cet état de rétention des produits de sécrétion dans les éléments glandulaires de la prostate et de congestion simultanée des tissus circonvoisins, peut se produire sous l'influence des causes les plus variées, comme, par exemple, les hémorroïdes fréquentes; la constipation habituelle qui peut, dans certains cas, provoquer l'évacuation partielle des liquides de sécrétion, au moment du passage du bol fécal contre la prostate et dans les efforts de défécation, n'en est pas moins une cause de congestion permanente de la glande.

Les troubles fonctionnels génitaux entrent aussi pour beaucoup dans la production de la prostate sénile. Pendant la période d'activité génitale, l'abstention volontaire de toute éjaculation, malgré les manifestations naturelles du besoin de coït, entraîne forcément, chez les individus, un état d'éréthisme souvent répété et prolongé, dont le résultat immédiat est la congestion prostatique et le développement plus facile de la sclérose des tissus dont nous avons déjà parlé ; il est clair que, dans ces cas, l'évacuation spontanée peut amener un grand soulagement, mais cela ne suffit pas pour empêcher le retour de congestions actives dues au besoin naturel d'éjaculation. Les faits nombreux de prostate volumineuse chez les sujets qui suppriment volontairement l'éjaculation, malgré le besoin qu'ils en éprouvent, sont beaucoup trop fréquents pour qu'il soit utile d'insister.

Les sujets qui, à l'inverse des précédents, cherchent à multiplier et à prolonger les excitations génésiques et les érections, retardant de plus en plus dans l'acte le fait terminal de l'éjaculation, sont encore ceux qui arrivent vite à la prostate sénile. Ceci se rencontre couramment dans la pratique. Ajoutons à cela que souvent ces sujets éjaculent incomplètement, comme dans le coït incomplet, en se retirant avant l'éjaculation et que, même après l'éjaculation ainsi incomplète, leurs organes restent dans un état de semi-éréthisme. Il n'est pas douteux que, par les érections prolongées fréquentes, ils provoquent la congestion active de la prostate. En provoquant de même l'augmentation de la sécrétion glandulaire, ils participent à la dilatation active des éléments glandulaires et au développement de la sclérose dans les tissus périphériques, c'est-à-dire qu'ils réunissent toutes les causes les plus efficaces de production de la prostate sénile avant l'âge. Il y a même de ces sujets chez lesquels la congestion active provoquée par l'érection prolongée et l'éjaculation retardée, amène immédiatement une augmentation de volume de la prostate telle qu'il y a rétention d'urine. Plusieurs fois, nous avons vu des sujets atteints de rétention d'urine provoquée par des excitations génésiques prolongées. Toujours, pour arriver dans la vessie, il fallut se servir d'instruments fortement courbés pour franchir le col vésical, très élevé derrière le pubis. Chez presque tous ces malades, le moindre contact d'un instrument quelconque avec la région prostatique donne du sang. Du reste, à la suite de ces excitations et érections prolongées, quoique encore dans la période génitale active, même avant quarante ans, il arrive quelquefois que l'éjaculation n'ait pas lieu. Il en résulte alors un état douloureux qui se complique immédiatement de rétention d'urine.

Nous savons très bien que la constitution générale du sujet peut rendre plus facile le développement de la sclérose dans les tissus souvent irrités. Le rhumatisme, cet état constitutionnel du rhumatisme si voisin de la goutte, sont évidemment des causes prédisposantes de la sclérose.

L'état sédentaire, qui provoque vulgairement la congestion hémorroïdale, est pour beaucoup dans la fréquence de la prostate sénile chez les gens qui ont passé leur vie assis dans un bureau.

Chaque fois que cet état congestif de la prostate provoque l'augmentation de volume, que reconnaît le doigt introduit dans le rectum, constituée par le ballonnement général de l'organe, sans points indurés, sans forme bien déterminée, il entraîne également des conditions locales favorables au développement de la sclérose. Dès que, par les moyens appropriés, on fait disparaître la congestion, le doigt reconnaît alors la prostate avec sa forme, la densité de tissu de ses différents points.

S'il était possible de faire fréquemment cette exploration de la prostate, chez les individus qui sont en voie de sclérose, on pourrait reconnaître l'augmentation progressive de l'organe à la suite de chacune de ces poussées congestives. En tout cas, en interrogeant les malades sur l'évolution de leur maladie, il est facile d'établir que les troubles fonctionnels qui amènent le prostatique chez le chirurgien, troubles fonctionnels urinaires, sont toujours améliorés quand on fait cesser la congestion active de l'organe, soit que la constipation disparaisse par une diarrhée spontanée, et le malade ne manque jamais de dire qu'alors il urine beaucoup plus facilement, soit que l'on ait débarrassé l'intestin par un lavement, soit même qu'une éjaculation complète ait vidé les éléments glandulaires, ou que ceux-ci aient été vidés par la compression directe avec le doigt.

Ces faits, dont nous donnerons des exemples, établissent très nettement la réalité des causes de l'augmentation de volume de la prostate que nous venons d'étudier.

Ce sont justement toutes ces causes qui, répétées fréquemment chez le même sujet, sous une forme ou sous une autre, finissent par accroître le volume général de la prostate ; par augmenter la longueur de la portion prostatique de l'urètre ; par élever le col vésical au-dessus du trigone, en arrière du pubis ; par troubler, en réalité, le rapport entre la paroi de la cavité vésicale et le col, ce qui provoque les troubles de la miction. Et alors, la contraction des parois de la vessie dilatée et revenant sur elle-même ne chasse plus d'une façon complète dans le col, orifice interne de l'urètre, l'urine qu'elle contient ; la résultante de contraction des parois vésicales cessant, à un moment donné, de tomber dans le col et n'agissant plus sur cet orifice pour l'ouvrir et chasser l'urine au dehors (1).

L'établissement de la stagnation d'urine et des troubles fonctionnels de la miction devient une nouvelle cause de l'augmentation de volume de la prostate.

Tant que les troubles de miction ne se sont pas produits, le sujet dont la prostate a augmenté de volume, dans les conditions que nous venons de dire, n'a aucunement conscience des modifications qui se sont effectuées dans cet organe et dans l'urètre ; et s'il n'éprouvait des envies fréquentes d'uriner, s'il n'était pas obligé de faire des efforts pour uriner, s'il n'avait pas la crainte, dans certains cas, de ne pas pouvoir uriner, il ne s'apercevrait en rien de l'état de sa prostate. Ceci est

(1) Reliquet, *Leçons sur la miction et la stagnation d'urine.*

tellement vrai que la plupart des malades qui viennent consulter dans ces conditions se croient atteints de rétrécissement de l'urètre. En un mot, l'augmentation de volume de la prostate, tant qu'elle ne trouble pas la miction, passe inaperçue. On comprend qu'à partir du moment où il y a trouble dans la miction, les efforts réitérés pour uriner, la dilatation vésicale constante par la stagnation d'urine plus ou moins considérable et les troubles fonctionnels qui se produisent alors du côté du rectum (difficulté des garde-robes, efforts violents de défécation) provoquent la congestion de la prostate et de l'extrémité inférieure du rectum, et favorisent singulièrement l'évolution organique des tissus vers la sclérose et, par conséquent, l'augmentation de volume réel et l'induration de la prostate.

Tous ces troubles de miction et de défécation peuvent, à un moment donné, être la cause de congestions actives de tout le réseau veineux de la prostate et de la partie inférieure du rectum; cela sous l'influence des causes occasionnelles les plus variées, le plus souvent un dîner trop copieux, ou encore le fait de se retenir d'uriner et surtout pendant un voyage prolongé en chemin de fer. Alors se produit ce gonflement énorme de la prostate qui donne l'impression du volume d'une tête fœtale lorsqu'on touche par le rectum, qui constitue une masse de consistance régulière, uniforme, sans noyaux indurés et provoque une congestion telle de la région profonde de l'urètre et une élévation telle du col vésical qu'il y a rétention complète d'urine. Il va sans dire que la rétention d'urine avec son cortège d'accès douloureux, d'envie d'uriner, avec ses efforts violents, ne fait qu'accroître encore l'état congestif prostatique. Nous nous sommes étendus sur ces questions à propos des stagnations d'urine prostatiques dans les leçons sur les maladies des voies urinaires.

N'oublions pas que la cause primitive de cet état de la prostate arrivé à son maximum est la stagnation des produits de sécrétion glandulaire dans les éléments glandulaires eux-mêmes. Et lorsque, par le traitement, on arrive à faire disparaître d'abord la congestion active de la prostate, on reconnaît le tissu prostatique et presque toujours la pression du doigt dans le rectum sur la prostate fait sortir par l'urètre de ces produits de sécrétion. C'est là un fait que nous considérons toujours comme très important au point de vue du pronostic, qui permet d'espérer la diminution de volume de la prostate, l'abaissement du col et le rétablissement plus ou moins complet et même complet, dans certains cas, de la miction lorsque rien n'est venu s'opposer à la réapparition complète de la souplesse des tissus prostatiques et à la rétraction des cavités glandulaires. Et lorsqu'il se produit dans les éléments glandulaires de la prostate, ou dans le tissu même de l'organe, une cause d'irritation violente, provoquant la contraction énergique de la vessie, et par suite son retrait, sa non-dilatation, c'est alors qu'une vessie, qui au moment de la rétention d'urine due à l'augmentation de volume de la prostate, était dilatée à plus d'un litre, peut se rétracter au point de contenir à peine quelques grammes d'urine. Les deux principales causes irritatives sont les calculs prostatiques qui, la prostate ayant diminué de volume, se manifestent comme de véritables corps étrangers, et l'inflammation brusque des cavités des éléments glandulaires due le plus fréquemment à ce que l'urine a pénétré dans la glande par son canal excréteur élargi, et aussi à un cathétérisme plus ou moins septique.

Dans le cas d'excitation urétro-vésicale due aux calculs prostatiques, le repos organique et physiologique de la vessie n'est plus possible et la suppression de l'acte de la contraction doit être recherché par les voies indirectes (taille). Dans le cas d'inflammation des éléments glandulaires, quelle qu'en soit la cause, il est encore possible, dans la plupart des cas, d'obtenir la redilatation vésicale et même la guérison.

A cette évolution pathogénique de la prostate sénile et de ses conséquences du côté de l'appareil de la miction s'ajoute la transformation des parois vésicales, l'épaississement de ces parois et la production des colonnes. Ce sont là des faits que nous avons décrits longuement dans l'étude des stagnations d'urine prostatiques.

La congestion facile de tout le système veineux du petit bassin chez le sujet portant une prostate sénile peut entraîner de véritables hématuries, fort troublantes pour le médecin traitant et provoquant souvent des accidents considérables par l'accumulation des caillots dans la cavité vésicale. Ces hématuries éveillent constamment dans l'esprit du médecin l'idée de l'existence d'une altération de tissu de nature plus ou moins mauvaise, quand, en somme, elles ne sont que symptomatiques d'une congestion violente du réseau veineux sous-muqueux de la prostate ou du trigone vésical, et se produisent d'après le même mécanisme que dans les hémorroïdes ordinaires. A propos du traitement, nous donnerons des faits très concluants de prostatite sénile avec hématuries, se montrant chaque fois qu'une cause de congestion locale se produit.

Il est impossible, et nous l'avons dit, de ne pas tenir compte, dans le développement de la prostate sénile, de l'état général des sujets. Les arthritiques, goutteux ou non, sont plus disposés que tous autres aux phénomènes de sclérose, et il n'est pas douteux que, localement, leurs urines, contenant une très forte proportion de matériaux solides, excitent les voies urinaires et même y provoquent une irritation générale des tissus qui vient aussi participer à l'augmentation des phénomènes congestifs locaux.

Avec des urines chargées en principes solides, la quantité de liquide évacuée à chaque miction est faible; il peut même y avoir une certaine excitation de la sensibilité locale due à la concentration de l'urine. Ce qui le démontre bien, c'est que, chez tous les malades, dès que, par le traitement approprié, les urines deviennent plus abondantes, moins chargées en principes solides, la quantité d'urine rendue à chaque miction est beaucoup plus considérable et les intervalles pour uriner beaucoup plus longs. Ce fait étonne toujours les malades qui, presque tous, ennuyés d'uriner souvent, se sont imposés de boire peu, croyant uriner moins fréquemment, ayant moins de liquide à évacuer.

De ce qui précède découlent immédiatement les indications thérapeutiques les plus précises :

1° Faire cesser et prévenir toutes les causes de congestion locale;

2° Chercher, par les moyens généraux et locaux, à rétablir la souplesse des tissus, à faire cesser tous les phénomènes locaux de sclérose, pour faciliter l'évacuation des sécrétions accumulées dans les éléments glandulaires et pour arriver à la diminution de volume de la prostate et à l'abaissement du col vésical.

II

Traitement de la prostate sénile.

Déjà, plusieurs fois, nous avons dit et démontré que la prostate prise en masse, ce corps musculo-glandulaire, comme on disait autrefois, et que nous appellerions volontiers corps musculo-glandulaire-vasculaire, en raison du développement considérable de son système veineux, est un organe d'un volume extrêmement variable. Tant que les tissus propres de la prostate n'ont pas subi un commencement d'induration, de diminution de souplesse, dû à l'irritation inflammatoire chronique, tant qu'il n'y a pas de sclérose des tissus, la prostate qui, sous l'influence d'un état de congestion hémorroïdale ou autre, ou de réplétion par les liquides de sécrétion dans ses cavités glandulaires, présente un volume plus ou moins considérable, quelquefois très grand, entraînant tous les troubles fonctionnels de l'évacuation de l'urine, depuis la fréquence des envies d'uriner, avec stagnation d'urine plus ou moins marquée et même la rétention complète, peut revenir brusquement sur elle-même par l'évacuation des produits de sécrétion et la cessation des phénomènes congestifs ; et alors, on voit disparaître instantanément tous les troubles locaux et surtout tous les troubles de la miction. Nous avons déjà cité plusieurs faits de ce genre, entre autres l'observation de ce vieillard atteint d'ostéomalacie sénile du coccyx, qui rendait impossible la contraction de l'appareil d'évacuation des glandes prostatiques. C'est ce que nous avons observé aussi chez les sujets qui subissent volontairement la rétention des produits de sécrétion dans les éléments glandulaires de la prostate, chez lesquels tous les troubles de miction disparaissent par l'évacuation de ces produits sécrétés. Enfin, il en est de même lorsqu'il s'agit de la congestion prostatique violente due à la constipation ou à une poussée hémorroïdale. Dès qu'on fait cesser cette congestion, les troubles de la miction disparaissent.

En réalité, toutes les fois qu'il y a stagnation des produits de sécrétion dans les glandes, il y a, en même temps, congestion veineuse de la prostate, et presque réciproquement, toutes les fois qu'il y a congestion de la prostate due à la constipation ou aux hémorroïdes, il y a stagnation des produits de sécrétion dans les cavités glandulaires de la prostate.

Même dans les cas où la guérison semble immédiate après une évacuation du rectum, une évacuation de la vessie et quelques topiques calmants dans le rectum, il est bon de continuer pendant quelques jours à maintenir l'intestin constamment vide par de grands lavements, matin et soir, et aussi d'y maintenir, d'une façon presque constante, des médicaments calmants et modificateurs des tissus, qui peuvent ramener au calme l'appareil vésico-prostato-urétral. Bien souvent, des malades, venant consulter pour des envies fréquentes d'uriner, même avec douleurs en urinant, plus ou moins âgés, de quarante-cinq à soixante ans, chez lesquels, par le toucher rectal, on constatait le gonflement considérable de la prostate avec matières dans l'ampoule rectale, ont été immédiatement soulagés par l'évacuation de l'intestin et des suppositoires calmants; ces moyens, continués quelques jours, ont suffi à tout faire rentrer dans l'ordre.

En effet, par le toucher rectal, on reconnaissait que la prostate avait considérablement diminué de volume, que son tissu avait repris ses caractères normaux. Très souvent l'exploration, à ce moment, fait sortir par l'urètre du liquide prostatique. C'est un signe, comme nous l'avons déjà dit, d'un heureux pronostic. Certains malades, après avoir fait le traitement local par les lavements et les suppositoires, sont effrayés de voir sur leur linge des taches plus ou moins jaunes, quelquefois un peu rougeâtres, produites par les liquides sortant de l'urètre. Toujours ces liquides gomment le linge. Cet écoulement disparaîtra en soignant la prostatite et il est d'une importance capitale de bien faire comprendre au malade que l'écoulement ne vient pas de la paroi de l'urètre, mais des glandes et que, dans ce cas, il importe de n'introduire aucun topique dans le canal.

A ce premier degré de la prostatite sénile, quand il n'y a pas d'antécédents de chaude-pisse, nous ne pratiquons jamais le cathétérisme explorateur de l'urètre avant d'avoir soumis le malade au traitement que nous venons de décrire. Si, après cinq ou six jours de ce traitement, il n'y a pas diminution considérable des troubles fonctionnels, s'il y a toujours difficulté pour uriner, malgré une atténuation notable du volume de la prostate, ou si la prostate n'a pas diminué de volume, alors nous cherchons dans l'urètre la cause de la persistance des accidents. Nous l'explorons avec une bougie conique olivaire très souple, n°s 18 à 22, pour savoir s'il n'y a pas un point rétréci, pour savoir aussi s'il n'y a pas une disposition vicieuse du méat, etc. Avec un stylet recourbé, nous déterminons la profondeur du cul-de-sac en arrière de la commissure inférieure du méat. Le prépuce et le frein sont examinés pour savoir s'ils ne gênent en rien l'extrémité de la verge. Une fois cet examen terminé, nous intervenons toujours, s'il y a lieu, contre le vice de conformation de l'extrémité de la verge, quel qu'il soit, avant de soigner l'obstacle que l'on reconnaît dans la continuité de l'urètre au passage des instruments, rétrécissement apparent ou contraction du col vésical avec élévation du col.

En effet, après ces interventions contre des causes d'excitation de la région profonde de l'urètre, on voit souvent disparaître ce que l'on croyait être un rétrécissement du canal, ainsi que nous l'avons démontré (1), et souvent les éléments glandulaires de la prostate se vident spontanément et permettent la disparition complète des troubles fonctionnels vésicaux, sans qu'il ait été nécessaire d'introduire aucun instrument dans l'urètre.

(1) Reliquet et Guépin, *Faux rétrécissements de l'urètre.*

La formule dans le traitement de la prostate sénile est de *n'intervenir directement par l'urètre que lorsque la stagnation d'urine ou la rétention y oblige.* Quand, par les moyens locaux que nous venons d'indiquer, et par le régime lacté qui modifie la nature des urines en les rendant moins chargées en principes solides, et, par cela même, moins irritantes, on voit se produire la diminution de volume de la prostate et le rétablissement progressif d'une miction normale, il vaut mieux temporiser et ne pas pratiquer le cathétérisme. On a beaucoup conseillé, dans ces dernières années, l'iodure de potassium ou de sodium à l'intérieur, à doses faibles (25 centigrammes à 1 gramme par jour), comme modificateur de la sclérose; il trouve surtout son application lorsque la prostate reste indurée.

Nous arrivons à l'étude du traitement de la prostate sénile qui provoque la rétention d'urine ou une stagnation considérable. Nous nous sommes étendus bien longuement sur ce sujet, à propos des stagnations et des rétentions prostatiques, dans les leçons de 1885. Mais en étudiant ici les prostatites séniles, il est impossible de ne pas revenir sur cette question en donnant de nouvelles observations.

TRAITEMENT DE LA PROSTATE SÉNILE AVEC RÉTENTION D'URINE

Observation XXIII. (M. Reliquet.) — « M. X..., homme maigre, vif, énergique, âgé de soixante-six ans environ, a eu des hémorroïdes fluentes quotidiennes pendant plus de vingt-cinq ans, qui n'existent plus depuis sept ou huit ans. Au mois de novembre 1889, je le vois pour une rétention d'urine prostatique type (envies d'uriner fréquentes depuis longtemps, surtout la nuit, souvent douleurs en finissant d'uriner, etc.). Je constate un bourrelet hémorroïdal saillant et peu tendu. La prostate volumineuse et ballonnée, tendue, d'une consistance un peu rénitente, sans induration; au-dessus, accumulation fécale.

» Je sonde le malade avec la sonde à grande courbure de Gély ; l'évacuation est faite très lentement ; j'injecte de l'eau boriquée tiède dans la vessie et je mets à demeure une sonde coudée en gomme introduite grâce au gros mandrin en laiton malléable fortement courbé. Toutes les fois qu'on ouvre la sonde on injecte dans la vessie la quantité d'eau boriquée nécessaire pour faire cesser la douleur dans la continuité de la verge et la fausse envie d'uriner.

» Dès le début grand lavement et suppositoire à l'iodoforme et à la jusquiame, matin et soir. *Régime lacté absolu* pendant huit mois, jusqu'à ce qu'il n'y ait plus de pus dans les urines ni d'acide urique en excès.

» Après quarante-huit heures, je retire la sonde en gomme et je puis mettre dans la vessie une sonde en caoutchouc vulcanisé. On continue à faire les injections dans la vessie toutes les fois qu'on évacue l'urine pour faire cesser la douleur et l'envie d'uriner.

» Évacuation de mucosités par-dessus la sonde.

» Depuis fort longtemps les urines contenaient beaucoup d'acide urique, et aussitôt les premiers accidents de rétention passés, l'acide urique reparaît en quantité considérable sous forme de cristaux qui sortent par la sonde. La persistance de la douleur toutes les fois qu'on vide la vessie fait examiner la vessie dans laquelle on ne trouve pas de calcaire. On continue à maintenir la sonde à demeure et à faire les injections d'eau boriquée. Lorsque je retire la sonde en caoutchouc pour la nettoyer ou la changer, j'examine la prostate et toujours il y a évacuation de muco-pus dans l'urètre. Lorsque cette évacuation est très réduite et que la prostate est revenue sur elle-même, la vessie se dilate beaucoup plus, les envies d'uriner n'ont lieu que toutes les quatre ou cinq heures; alors la sonde est retirée et le malade se sonde lui-même pour uriner, ce qu'il fait trois ou quatre fois dans vingt-quatre heures, en prenant tous les soins de propreté qui conviennent.

» Après huit mois de ce sondage pour uriner, le malade m'annonce qu'il urine seul; mais je reconnais que la quantité d'urine rendue, à chaque miction, est petite et qu'il est obligé d'uriner souvent (toutes les heures). Je lui défends d'uriner seul et lui conseille de continuer à se sonder pour vider sa vessie et ne pas irriter son urètre par le passage trop fréquent de l'urine. C'est pendant cette période où le malade s'essayait à uriner seul, de petites quantités, qu'il eut une orchite avec suppuration. L'évacuation du pus fut faite au bistouri : pansement antiseptique, guérison rapide.

» Après dix-huit mois du début des accidents, le malade m'annonce qu'il urine en grande quantité à la fois, que, urinant sans la sonde, il reste longtemps sans envies, que maintenant il ne se sonde plus que le soir en se couchant pour laver sa vessie et dormir tranquille toute la nuit. La prostate est considérablement réduite, parfaitement symétrique ; les parois rectales présentent partout les saillies des anciennes hémorroïdes, la pression du doigt sur la prostate ne fait rien sortir par l'urètre.

» Le malade, du reste fort intelligent, s'étant très bien observé, ne s'est jamais éloigné du régime lacté, qu'il a suivi ponctuellement pendant des mois au début et qu'il a repris dans toute sa rigueur toutes les fois que l'acide urique devenait abondant dans les urines, qu'il y avait sensation de douleur à la fin de la miction et des mucosités dans l'urine.

» Après la première orchite suppurée, il a eu, à plusieurs reprises, des gonflements du testicule et du cordon, avec douleur, contre lesquels j'ai conseillé les applications extérieures d'une solution d'extrait d'anémone pulsatile (10 grammes dans eau boriquée 500 grammes). Un linge en plusieurs doubles trempé dans cette solution est appliqué sur le testicule. Le malade nous raconte en août 1893 que les sept ou huit menaces d'orchite qu'il a eues ont été manifestement jugulées par ces applications.

» Actuellement il urine librement, vide presque complètement sa vessie, et se passe une fois par vingt-quatre heures la sonde en caoutchouc. Ce malade a toujours été calmé par le suppositoire à l'iodoforme et à la jusquiame et même dans les périodes de bien-être, il continuait à en mettre un tous les soirs.

29 décembre 1893. — A la suite d'un coup de froid, a eu un commencement de bronchite avec fièvre ; immédiatement les urines sont devenues beaucoup plus chargées d'urates, moins abondantes (de 800 à 1000 grammes) ; urine très peu sans la sonde. L'orchite se développe dans le testicule droit et des douleurs irradiantes le long de la cuisse droite et remontant jusqu'aux reins mettent le malade dans un état nerveux qui l'empêche de dormir depuis trois jours. Au toucher rectal, la prostate est gonflée, légèrement tendue, la pression même légère sur la prostate fait sortir par l'urètre une matière de consistance de blanc d'œuf, opaline ; il en sort par petites masses environ deux centimètres cubes. Il semble que les douleurs irradiantes sont calmées par cette évacuation.

» Le testicule droit est pris pour la première fois, la peau est rouge, assez peu mobile sur le testicule qui est d'une consistance rénitente générale. Le volume du testicule est celui d'un petit œuf de poule allongé.

» Il n'y a pas de douleurs en urinant et il n'y a plus de douleurs lorsque la vessie se vide par la sonde ; les urines sont fortement chargées, troublées par quelques mucosités et surtout par les urates. Je prescris de reprendre les grands lavements matin et soir ; de remettre les suppositoires matin et soir, une heure après avoir rendu le lavement, de n'uriner exactement que par la sonde pour éviter le contact de l'urine avec les cavités glandulaires de la prostate, de faire un lavage de la vessie avec l'eau boriquée tous les jours, en laissant de l'eau boriquée dans la vessie.

» Il n'y a rien du côté du cœur, mais une agitation nerveuse avec angoisse. A dix heures du matin, le malade ne parle que de la mauvaise nuit qu'il passera, et cependant il nous dit que les douleurs sont très diminuées et que même, depuis l'exploration, il ne sent rien. Nous lui donnons un peu d'eau de laurier-cerise à prendre par cuillerées à café. On fait l'enveloppement des bourses avec la solution d'anémone pulsatile.

» Depuis cette époque le malade a suivi le traitement (régime lacté, lavements, suppositoires jusquiame et iodoforme). Les phénomènes de bronchite ont vite disparu ; mais il persistait un dépôt considérable d'urates dans les urines avec envies d'uriner toujours fréquentes.

» *Le 10 janvier 1894*, devant cette persistance de l'évacuation d'une quantité considérable d'acide urique en cristaux, j'ajoutais au traitement la tisane d'uva ursi, à prendre deux grandes tasses matin et soir. Au toucher rectal, on reconnaît que la prostate a diminué, mais le liquide qu'en fait sortir la pression du doigt toujours assez abondant, est encore jaune. Le testicule, diminué de volume n'est plus douloureux ; il n'est pas encore revenu à son volume normal. L'agitation générale n'existe plus.

» *Le 17 janvier*, les urines sont abondantes (deux litres), il n'y a plus trace de cristaux d'acide urique ; les envies d'uriner, au lieu de revenir toutes les deux heures, ne se produisent que toutes les quatre ou cinq heures. Les quelques difficultés au passage de la sonde qui existaient il y a huit jours ont complètement disparu. Au toucher rectal, on constate que la prostate diminuée devient souple partout et le liquide prostatique qui sort par le méat bien moins abondant a la transparence opaline de l'état normal.

» Le malade a repris ses habitudes, urinant seul, passant une fois par vingt-quatre heures la sonde en caoutchouc pour faire le lavage de la vessie. »

Il s'agit donc ici d'un fait typique. Tous les accidents de rétention d'urine ont disparu au fur et à mesure que la prostate est revenue sur elle-même, que les cavités glandulaires se sont mieux vidées et que les urines du malade ont été de moins en moins chargées en matériaux solides et surtout en acide urique et en urates. Ce malade, fort intelligent, comprenant très bien que les précautions aseptiques les plus minutieuses sont d'une importance pratique considérable, a cependant été pris d'orchite suppurée, puis d'orchite simple. Ces accidents ont toujours été modifiés d'une façon heureuse par les applications d'anémone. Nous sommes tentés de croire, d'après ce fait et d'après d'autres nombreux, que l'anémone a une action particulière sur les voies séminales dans ces cas, et favorise singulièrement la résolution de ces orchites. Chez ce malade, il y a encore ce fait important que l'on rencontre bien souvent chez les sujets qui, comme lui, ont eu des rétentions prostatiques, c'est la rechute provoquée par une affection éloignée entraînant de la fièvre. Ainsi, en 1893, le malade, sous l'influence d'un coup de froid qui détermine une bronchite, est repris d'accidents de prostatite glandulaire sénile avec tout le cortège symptomatique, plus de quatre ans après la première intervention.

Dans cette observation, il est certain que la sonde à demeure, aux différentes rechutes, en évacuant l'urine sans contact de ce liquide avec la prostate, a rendu plus facile le retrait des éléments glandulaires prostatiques en évitant des poussées inflammatoires successives.

C'est là un cas de rétention d'urine prostatique guérie, puisque le malade urine en vidant presque complètement sa vessie, et même en la vidant complètement par moment, et cette rétention d'urine a été guérie en agissant sur la prostate et non sur la vessie, point qui est développé longuement dans les *Leçons sur les stagnations d'urine prostatiques*.

OBSERVATION XXIV. (M. Reliquet.) — *Prostatite glandulaire type.* — « M. X..., soixante-huit ans, vient chez moi le 12 avril 1893. Depuis deux ans, il urine fréquemment ; la nuit, il se lève de quatre à huit fois.

» Depuis huit jours, il ne peut uriner sans se sonder, et les envies étant fréquentes, il le fait huit à douze fois par vingt-quatre heures.

» Ce malade étant comptable d'une maison de caoutchouc et d'instruments de chirurgie, prit une sonde en gomme, la graissa avec de l'huile ordinaire et se la passa. A eu, à la suite, pendant quatre jours, des frissons et depuis il a de la fièvre.

» Au toucher rectal : grosse prostate avec saillies fluctuantes ; muco-pus sortant immédiatement après par le méat.

» Il entre dans une maison de santé.

» Traitement : sonde en caoutchouc à demeure ; toutes les fois que par cette sonde on vide la vessie, on injecte un peu d'eau boriquée pour faire cesser la douleur. Tous les jours, on fait un lavage complet de la vessie avec l'eau boriquée. Grand lavement avec la canule en gomme matin et soir ; suppositoire jusquiame et iodoforme matin et soir. Régime lacté absolu; sulfate de quinine, 25 centigrammes matin et soir.

» Bientôt la fièvre, qui était de 39 degrés le soir et de 38 degrés le matin, le premier jour, cesse et la température varie entre 36°,5 le matin et 37°,2 le soir.

» Le muco-pus prostatique sort par le méat par-dessus la sonde. On vide de moins en moins souvent la vessie (qui se dilate mieux) toutes les trois heures et demie à quatre heures et même cinq heures.

» Tous les quatre jours, je retire la sonde en caoutchouc pour la vérifier et la nettoyer. Avant de la retirer, je laisse beaucoup d'eau boriquée dans la vessie (200 grammes). Avec le doigt dans le rectum, je comprime la prostate; le muco-pus sort en abondance par le méat.

» Après dix jours, la prostate étant revenue sur elle-même, l'excitation vésicale n'existant plus, je retire la sonde à demeure et on passe la sonde pour évacuer l'urine, toujours en laissant chaque fois de l'eau boriquée dans la vessie et en lavant l'urètre lorsqu'on retire la sonde.

» Il y a écoulement de muco-pus abondant par l'urètre, et lorsque tous les matins je comprime avec le doigt la prostate par un véritable massage, je fais sortir de moins en moins de muco-pus.

» Cependant il y a une légère rechute; par mégarde, on n'emploie pas pour graisser la sonde le cérat phéniqué: il y a 38°,5 et le pus prostatique reparaît plus abondant, les envies d'uriner sont plus fréquentes, la vessie se dilate moins au lavage. Mais cela n'a duré qu'un jour.

» *Le 24 avril*, je donne du santal Midy, deux capsules matin et soir. Bientôt, — le 25 avril, — le malade urine seul, sans la sonde, et il rend un gravier urique gros comme une lentille. La miction se fait bien, sans efforts; la vessie se vide; il y a douleur après la miction allant de l'anus à l'extrémité de la verge. Le malade ayant eu, il y a deux ans, des coliques néphrétiques et le liquide prostatique évacué le matin par le massage de la prostate étant de moins n moins purulent (il commence par n'avoir que des grumeaux purulents, puis des stries; puis enfin le liquide est clair, opalin, normal), j'examine la vessie: il n'y a pas de calcaire, à peine des colonnes peu saillantes, la vessie étant dilatée à 250 centimètres cubes.

» *Le 1er mai*, il n'y a plus d'écoulement spontané et, le santal étant bien supporté, je donne trois capsules matin et soir. En outre, rien n'est changé au traitement qui a été continué tout le temps. Le massage de la prostate du matin que je fais après le lavage de la vessie ne fait sortir que quelques gouttes de liquide muqueux opalin.

» Au lavage de la vessie du matin, pendant la sonde à demeure, l'urine venant de la vessie était claire jusqu'à la dernière goutte. La sonde enlevée, mais pendant le temps où on la passait pour évacuer l'urine, toujours les dernières parties d'urine étaient chargées de pus, et même de pus assez épais et abondant. Cela a continué, lorsque le malade a uriné seul, pendant huit jours; mais la quantité de pus évacuée avec la fin de l'urine par la sonde a toujours été en diminuant.

» Les urines recueillies dans le tube en verre gradué ont présenté les mêmes variations : pendant la sonde à demeure, pas de dépôt de pus; pendant le sondage pour uriner, dépôt de pus et dépôt de pus au fond du vase beaucoup plus abondant quand le malade a uriné tout seul. Ici le dépôt de pus, d'abord très abondant et épais, a diminué peu à peu de densité, a fini par devenir plus léger et enfin a disparu.

» *Ainsi le pus est toujours venu de la prostate.*

» A partir du 4 mai, le malade retourne chez lui et fait lui-même les lavages de vessie. Il vient chez moi tous les deux jours, et je constate que le liquide chassé par le massage de la prostate est très peu abondant — quelques gouttes — et très clair. Bien entendu, il n'y a plus d'écoulement.

» *Le 7*, je commence à donner des aliments solides, poulet, etc. »

Nous voyons encore ici l'évacuation des produits glandulaires de la prostate, altérés par l'inflammation locale, se faire par-dessus la sonde à demeure, et surtout la vessie reprendre sa capacité, sa dilatabilité à mesure que l'état inflammatoire de la prostate diminue. Dans ce cas, la démonstration est d'autant plus complète que l'infection des éléments glandulaires de la prostate par des cathétérismes septiques avait déterminé la purulence complète des cavités glandulaires et un état fébrile infectieux qui n'a pas été sans nous inquiéter, état fébrile qui a disparu sitôt qu'on a pu empêcher le passage de l'urine par l'urètre, son mélange avec les sécrétions prostatiques purulentes, et qu'on a maintenu les organes évacuateurs de l'urine et des matières fécales dans le repos physiologique et organique le plus absolu. Ici, le régime a joué un rôle considérable, comme toujours. Le régime lacté a favorisé les éliminations générales des produits septiques, comme cela est montré dans le mémoire sur les *Rétrécissements péniens compliqués de cowpérite suppurée* (1) en rendant les urines aussi peu chargées que possible et par conséquent aussi peu irritantes que possible.

OBSERVATION XXV. — « M. X..., soixante-quatre ans, vient me consulter en février 1894. D'une constitution lymphatique, tousse presque tous les hivers. Depuis quatre ans avait, de temps en temps, des difficultés pour uriner, surtout la nuit, urinant plus souvent que d'habitude, lorsqu'il y a quatre mois, il perd brusquement sa femme, ce qui lui cause un chagrin violent. Malgré son âge, il avait des habitudes de coït régulières, environ deux fois par semaine. Depuis quatre mois n'a pas coïté et n'a pas eu de perte involontaire. Il y a trois mois, a été pris de rétention d'urine complète et depuis se sonde trois ou quatre fois par vingt-quatre heures et n'urine pas autrement. Il a constamment un chatouillement à l'extrémité de la verge et dans l'anus, au moment où la vessie se vide par la sonde. Éprouve de la douleur, en s'asseyant, dans le périnée et dans l'anus. Fréquemment, en marchant, il ressent ce chatouillement allant de l'anus à l'extrémité de la verge. Écoulement purulent dont une grande partie reste en arrière du

(1) RELIQUET, *Rétrécissements péniens compliqués de cowpérite suppurée*, 1887.

méat, dans le cul-de-sac. Le gland est rouge et induré autour du méat, le frein est induré et court. Le prépuce, un peu enflammé, est dur. Une sonde n° 18 passe serrée dans le méat et le malade dit qu'il a toujours de la peine à l'entrer dans la vessie.

» Au toucher rectal : prostate ballonnée très volumineuse, des mucosités prostatiques épaisses, purulentes et abondantes sortent par le méat, surtout lorsque le malade est relevé après le toucher rectal. Pas d'indurations dans la prostate ; matières fécales grenues, dures, dans le rectum.

» Je conseille les grands lavements avec la longue canule, pris étant couché, matin et soir, les suppositoires (jusquiame et iodoforme) mis matin et soir, les soins aseptiques habituels pour les sondes, et je propose le débridement du méat.

» *Le 27 février*, ayant eu un accès de fièvre violent le matin, m'envoie chercher. Je trouve les urines chargées de bourbillons muqueux prostatiques; la pression du doigt sur la prostate fait sortir par le méat des bourbillons d'origine prostatique, gros comme des tuyaux de plume, épais et franchement purulents. A ma visite, la température est de 36°,7. Le traitement étant mal exécuté, je laisse près du malade un infirmier qui donne les grands lavements, met les suppositoires, injecte dans la vessie de l'eau boriquée chaque fois qu'on la vide avec la sonde, pour faire cesser l'excitation vésico-urétrale qui suit l'évacuation.

» Régime lacté absolu.

» *Le 28 février*, le toucher rectal ne fait pas sortir de mucosités prostatiques. Avec la cocaïne, je sectionne le frein et je débride le méat. La section du débridement du méat se fait dans un tissu induré, démontrant une inflammation chronique qui remonte à longtemps.

» La sonde en caoutchouc semble passer plus facilement dans la région profonde de l'urètre. L'état général est très bon.

» Sous l'influence du traitement, la prostate a considérablement diminué de volume, les phénomènes douloureux ont disparu même à la fin de l'évacuation par la sonde. Les urines présentent un dépôt nuageux assez mobile; il n'y a plus de bourbillons.

» *Le 12 mars*, le malade commence à prendre du rhum créosoté et arrive très vite à une cuillerée à bouche matin et soir, dans un verre d'eau, en mangeant, sans éprouver aucun trouble stomacal.

» *Le 16 mars*, en touchant le rectum, on constate une diminution très considérable de la prostate, qui est souple dans toutes ses parties ; son tissu est un peu induré au niveau des cornes et du bord postérieur. Sous l'influence de la pression du doigt sur la prostate, il sort par l'urètre un liquide blanc opalin, à peine louche, gommant le linge sans teinte jaune, rappelant tout à fait le liquide prostatique normal.

» L'exploration rectale n'a provoqué aucune sensibilité.

» Depuis huit jours le malade mange les viandes blanches, des légumes verts cuits, non acides, boit un peu de vin blanc et d'eau et beaucoup de lait. La créosote est bien supportée, l'état général est très bon.

» Les urines sont troublées par un nuage flottant dans toute sa masse, nuage qui se dépose très lentement au fond. »

Chez le malade, la miction ne s'est point rétablie, il a toujours continué à se sonder trois ou quatre fois par vingt-quatre heures. Mais tout phénomène de sensibilité, soit en vidant la vessie, soit à un moment quelconque, a disparu. Il lui a été bien recommandé de ne pas faire d'efforts pour uriner et d'attendre que la miction se rétablisse spontanément.

Donc l'excitation de la vessie avec rétraction des parois, sous l'influence de l'inflammation prostatique, a été très faible. A peine si les besoins d'uriner ont été un peu plus fréquents au moment de l'état le plus aigu.

Observation XXVI. — « Voici le fait d'un homme de quatre-vingt-quatre ans, ayant une prostate énorme, faisant saillie au périnée. Il était venu antérieurement, depuis plusieurs années, nous consulter à différentes reprises. On put chez lui suivre la progression des troubles de la miction, à mesure que la prostate augmentait de volume. Il refusait toujours toute intervention et n'acceptait même pas les grands lavements bien que reconnaissant que lorsqu'il allait à la garde-robe, il en éprouvait du mieux. Homme très grand, très fort, très beau vieillard, ayant passé toute sa vie dans une activité complète, physique et intellectuelle. Au premier examen, je reconnus de suite qu'il avait un prépuce très étroit, bridant fortement le gland, étroitesse qui a toujours existé, mais qui a augmenté beaucoup avec l'âge; le méat est étroit. Ce malade reste ainsi trois ans refusant tout traitement, ayant des envies fréquentes d'uriner et ce n'est que lorsque les douleurs en urinant devinrent intolérables, surtout par leur fréquence, qu'il se décida à se faire soigner. Je fais d'abord le débridement du prépuce et du méat avec la cocaïne. A la suite de cette intervention, le malade urine plus facilement, mais encore toutes les heures au lieu de toutes les demi-heures. Six jours après, je passe une sonde en caoutchouc, je retire très lentement un litre d'urine; je laisse dans la vessie de l'eau boriquée tiède. Le malade n'est sondé que toutes les cinq heures; de là un repos considérable. Chaque fois on laisse de l'eau boriquée dans la vessie.

» Tous les soins aseptiques pour les sondes et le cathétérisme sont pris avec la plus grande rigueur. Il n'y a pas la moindre réaction fébrile. Les mucosités prostatiques s'évacuent graduellement, spontanément, les bourbillons sont un peu épais, mais il n'y a pas de pus. Il a près de lui un homme soigneux qui a parfaitement compris la nature et la minutie des soins à donner. Les grands lavements sont pris régulièrement matin et soir, de même les suppositoires (iodoforme et jusquiame) sont mis matin et soir, le grand lavement étant rendu. Tout va bien, le malade va à son cercle, y reste trois et quatre heures et cela pendant un mois, jusqu'au jour où on se sert d'eau boriquée mal préparée pour injecter dans la vessie et laver l'urètre. Jusque-là pas une goutte d'urine n'avait passé par l'urètre. Alors apparaît brusquement un gonflement douloureux et considérable de la prostate qui était revenue sur elle-même; par le toucher, la compression de l'organe fait sortir par l'urètre du pus; la vessie, au lieu de se dilater, nécessite un cathétérisme de plus en plus fréquent, toutes les deux heures, toutes les heures. Il y a de la fièvre. On est obligé de mettre la sonde à demeure, de maintenir le régime lacté absolu. Il se produit une orchite; l'infection générale augmente de plus en plus et la mort arrive. »

Cet exemple montre, de la façon la plus nette, que même chez les vieillards dont la prostate est très volumineuse on peut voir se produire la rétraction de cet organe par l'évacuation des produits de sécrétion glandulaire en rétention. On peut voir aussi ce fait, c'est que les tissus périphériques aux glandes peuvent revenir sur eux-mêmes et que, même à un âge avancé, ils ne sont pas toujours arrivés à un degré de sclérose qui ne puisse être combattu. Il démontre l'utilité incontestable du débridement du méat et du prépuce. Enfin, si besoin en était, il prouverait combien est indispensable la propreté aseptique la plus minutieuse dans le cathétérisme et dans les injections. C'est là un des points les plus difficiles à obtenir chez les malades dès qu'ils ne sont plus sous la surveillance immédiate du médecin. Nous en avons déjà cité un fait dans lequel les accidents de suppuration de la prostate, longtemps après les premiers soins, ont été provoqués par l'emploi d'un corps gras vulgaire pour graisser la sonde pris dans une pharmacie quelconque pendant un voyage et vraisemblablement septique.

Il arrive assez souvent que ces accidents infectieux dus à la suppuration des éléments glandulaires de la prostate, sans abcès, malgré la fièvre et un état général inquiétant, puissent être jugulés par des soins locaux précis et assidus. Du reste, dans les observations précédentes (XXII et XXIII), nous avons vu comment disparaissaient tous ces phénomènes généraux. Cependant nous tenons à donner ici un fait observé avec M. le Dr Sottas.

Observation XXVII. (M. Reliquet.) — « X..., soixante-deux ans, ayant une fièvre intense, une orchite du côté gauche, la prostate volumineuse et très sensible au toucher, est dans l'impossibilité d'uriner sans la sonde. Ce malade se sonde pour uriner depuis trois ans. A différentes reprises, il a été pris d'hématuries qui s'arrêtaient brusquement. Cependant son état général avant l'accident aigu actuel, ne présentait jamais rien d'inquiétant. Au toucher, nous trouvons la prostate extrêmement dure, mamelonnée, très tendue; aucun point ne cède à la pression du doigt; il ne sort rien par l'urètre. Les urines sont fébriles, avec odeur ammoniacale: la langue était déjà sèche, la fièvre intense. Devant cet état, Sollas et moi, nous croyons à une inflammation aiguë greffée sur un état organique. Nous prescrivons les grands lavements, matin et soir, avec la longue canule, les suppositoires (iodoforme et jusquiame) et au besoin avec 1 centigramme d'opium, une évacuation par un purgatif salin suivi de boissons abondantes, le régime lacté absolu. Nous ordonnons de ne pas faire un cathétérisme sans que la sonde soit bien nettoyée, sans laisser de l'eau boriquée dans la vessie, après avoir retiré l'urine, pour éviter l'excitation vésicale, et sans laver l'urètre avec l'eau boriquée en retirant la sonde. A cela, nous ajoutons 50 centigrammes de sulfate de quinine, matin et soir; sur le testicule, nous faisons maintenir constamment une compresse imprégnée d'une solution d'extrait d'anémone pulsatile (10 grammes pour 500 grammes d'eau boriquée à 4 0/0), le tout enveloppé d'ouate et de taffetas chiffon.

» Huit jours après, le malade a rendu une grande quantité de muco-pus par l'urètre, la prostate a diminué considérablement de volume et la pression sur l'organe fait sortir le pus par l'urètre. Le testicule, qui n'est plus douloureux, est revenu sur lui-même.

» Quatre mois après, le malade vient me voir. Il me raconte qu'avant cette grande crise, il ne pouvait pas uriner sans sonde et qu'il se sondait toutes les trois ou quatre heures, que maintenant il se sonde matin et soir seulement, pour laver sa vessie, et qu'en dehors de cela, il urine selon ses besoins; il se trouve très bien. »

Observation XXVIII. — « Dans l'observation que nous allons donner maintenant, il s'agit d'un vieillard de soixante-dix-sept ans, ayant toujours joui d'une santé parfaite et d'un appétit énorme. Depuis au moins deux ans, il avait des difficultés, de plus en plus grandes, pour uriner; depuis six mois, il urinait à chaque instant, et lorsque nous le vîmes, il n'y avait presque pas d'intervalle entre les mictions, et la douleur d'une miction s'arrêtait à peine que celle de la miction suivante apparaissait. Cet homme, grand, très gros, était d'une nervosité excessive et avait une frayeur extrême du cathétérisme. Quand nous arrivâmes près de lui, il était dans un état nerveux presque indéfinissable, agité, ne voulant pas se coucher. On parvint à passer une sonde en caoutchouc vulcanisé. Nous retirâmes un litre d'urine, très lentement, mais la vessie était loin d'être vidée ; l'évacuation fut arrêtée là. Deux heures après, on évacua près d'un litre et demi d'urine et on mit au moins 500 grammes d'eau boriquée dans la vessie. Immédiatement, on vida l'intestin par des lavements, on mit les suppositoires et nous plaçâmes près du malade un jeune confrère qui fut chargé de sonder et de vider la vessie, d'y faire les injections d'eau boriquée et d'y laisser de l'eau boriquée.

» Le lendemain, devant les difficultés du malade pour se laisser sonder, on laissa la sonde en caoutchouc à demeure. Au toucher rectal, la prostate était énorme, régulièrement volumineuse, sans induration localisée. Le malade fut mis au régime lacté absolu ; la sonde n'était ouverte qu'à des intervalles assez éloignés, quatre ou cinq heures ; toujours l'évacuation était suivie de l'injection d'eau boriquée.

» Après cinq jours, les mucosités viennent par-dessus la sonde en assez grande abondance. On retire la sonde en lavant l'urètre et le malade est sondé suivant ses besoins, pas plus que toutes les six heures, toujours en laissant de l'eau boriquée dans la vessie, quoiqu'il n'y ait plus aucune espèce de sensation au moment où la vessie se vide par la sonde.

» Par l'urètre, en dehors du passage de la sonde, il s'écoule des mucosités blanches, opalines, épaisses, même filantes, entre les doigts, en quantité abondante. Le toucher rectal, qui constate que la prostate diminue, provoque une abondante expulsion de mucosités prostatiques. Il y avait déjà dix jours qu'on sondait le malade pour le faire uriner, que les évacuations de mucosités se faisaient spontanément, lorsqu'il fut pris d'un léger frisson. A la suite, les mucosités prostatiques étaient plus colorées, légèrement jaunes. Le lendemain, il avait une douleur dans le testicule gauche avec gonflement qui dénotait une orchite. En vingt-quatre heures, il se fit un épanchement considérable de sérosité dans la vaginale.

» Bien entendu, nous avons cherché quelle était la cause de cette infection, sans pouvoir la trouver d'une façon positive. En tous cas, on redoubla les précautions d'asepsie et l'état général s'améliora très vite aussitôt une purgation saline donnée. L'état local s'améliora aussi, mais moins vite; le testicule avec l'épanchement dans la vaginale restait toujours très volumineux, quoique la douleur ait vite disparu. L'application d'une compresse imbibée de la solution d'anémone pulsatile ne provoquait pas la diminution de volume du testicule. Alors, on fit la ponction de la vaginale avec un trocart; il s'écoula environ 300 centimètres cubes d'une sérosité absolument limpide; puis on appliqua le pansement avec l'anémone pulsatile et le testicule reprit très vite son volume habituel.

» Du côté des liquides prostatiques, la purulence disparut le troisième jour.

» Chez ce malade, les envies d'uriner n'ont pas été plus fréquentes pendant cette période d'excitation de la prostate; la vessie conserva toujours son pouvoir d'extension, et les urines n'ont jamais été chargées de pus.

» La prostate étant revenue sur elle-même, on n'y trouve pas d'induration, ni de points douloureux. Nous conseillons toujours au malade de ne pas uriner sans la sonde, afin d'éviter tout contact de l'urine avec les cavités glandulaires prostatiques.

» Dans le cours de ce traitement, ce malade était pris, à chaque instant, de phénomènes cardiaques spéciaux, caractérisés par un arrêt des battements du cœur avec menace de syncope. Immédiatement, dès que ce phénomène apparaissait, on faisait une injection sous-cutanée de caféine (25 centigrammes); aussitôt les battements du cœur reprenaient leur rythme et le malade revenait à lui d'une façon complète. Ces phénomènes cardiaques se sont produits cinq et six fois dans les vingt-quatre heures, surtout dans les jours qui ont suivi le premier cathétérisme; puis ils se sont espacés. Il semble que ces troubles cardiaques fussent surtout dus à la nature émotive du sujet. En tous cas, ils n'ont eu aucun retentissement.

» Nous voyons ce malade six mois après. Il raconte qu'il a quitté peu à peu le régime lacté pour prendre une nourriture habituelle, tout en maintenant son appétit et mangeant moins qu'autrefois. Il continue toujours à être sondé quatre fois par vingt-quatre heures; n'a plus eu de rechutes aiguës inflammatoires de la prostate; mais il n'urine pas du tout sans la sonde.

» C'est là une des formes de guérison de la prostatite sénile. Bien entendu, nous lui avons défendu de chercher à uriner seul en excitant la contractilité des parois vésicales par des moyens thérapeutiques quelconques. (Voir *Leçons sur les maladies des voies urinaires*, p. 352 et suivantes.)

Dans cette observation, malgré les troubles cardiaques, tout a marché à souhait, sauf ce léger accident de menace de suppuration des éléments glandulaires et l'orchite concomitante. Ce malade était entouré des soins les plus méticuleux. Au point de vue de l'asepsie tout était organisé de la façon la plus méthodique. Il disait toujours que les infirmiers exécutaient nos ordres comme des soldats, et cela dans les plus petits détails des précautions à prendre du côté des sondes, des seringues, des liquides aseptiques et de leur température. Et cependant, malgré tout, nous avons eu une menace d'infection. Cela démontre combien il faut être rigoureux dans l'exécution de tous les soins spéciaux à donner chez ces malades atteints de prostatite glandulaire sénile. Cela démontre aussi combien les cavités glandulaires de la prostate en voie de rétraction peuvent facilement devenir un foyer d'infection des plus graves.

Si nous nous reportons à toutes les observations que nous venons de donner, qui prouvent d'une façon si nette la gravité infectieuse de la suppuration localisée dans les éléments glandulaires de la prostate, on comprendra combien nous avons raison d'insister sur la nécessité absolue de faire disparaître toutes les causes pouvant retenir les liquides infectieux dans la prostate, telles que les irritations à l'extrémité de la verge, provoquant le spasme de la région profonde de l'urètre, l'accumulation de matières fécales dans le rectum agissant de même, etc. Même lorsqu'il y a des phénomènes infectieux graves, s'il y a un méat étroit ou mal placé (haut sur le gland), un prépuce étroit, bridant le gland, il faut de suite faire disparaître ces dispositions anormales; comme dans les observations qui précèdent (particulièrement l'observation XXV), on peut voir les cavités glandulaires de la prostate se vider d'elles-mêmes, les phénomènes infectieux disparaître et l'état général du malade se rétablir complètement.

Cette sécrétion abondante de muco-pus et de pus, venant de la prostate, peut, ainsi que nous l'avons dit plus haut, entraîner des causes d'erreurs importantes. Un malade urinant souvent, ayant sa vessie dilatée par la stagnation d'urine, peut avoir dans son vase des urines chargées de pus, sans que celui-ci vienne de la vessie, mais de la prostate. L'urine, en passant dans l'urètre, se charge du pus de la prostate et l'entraîne à l'extérieur. Ce fait est démontré par une observation publiée dans les *Leçons* (p. 266 et suivantes).

« Lorsque je sondai ce malade pour la première fois, à mon grand étonnement je retirai de l'urine absolument limpide jusqu'à la dernière goutte ; l'urine contenue dans le vase étant cependant chargée d'une quantité considérable de pus. Comme le démontre l'observation, ce pus venait entièrement de la prostate. »

Nous voyons le même fait se produire différentes fois et montrer aussi que le pus venant de la prostate peut, dans une certaine mesure, refluer dans la vessie et faire croire à une suppuration d'origine vésicale. En effet, il y a des malades chez lesquels les sécrétions prostatiques remontent facilement dans la vessie, et d'autres chez lesquels ce fait ne se produit pas, comme dans l'observation que nous venons de rappeler et qui est publiée dans les *Leçons*. Cela tient très probablement à l'élévation plus ou moins brusque du col vésical au-dessus de la surface prostatique.

Jusqu'à présent, dans tous les faits que nous avons donnés, nous avons vu s'effectuer l'évacuation des produits de sécrétion prostatique en rétention dans les éléments glandulaires; nous avons vu les tissus périphériques à ces cavités glandulaires devenir plus souples; nous avons vu la réduction du volume de la prostate, résultat immédiat de ces deux faits, et enfin s'est produit le repos organique et physiologique de la vessie et de l'urètre, soit que le malade ait pu uriner tout seul et vider complètement sa vessie à des intervalles normaux, soit qu'il ait été obligé de se sonder à des intervalles éloignés pour vider sa vessie, soit enfin qu'il ait pu vider sa vessie en partie par la miction, la vidant complètement par la sonde une ou deux fois par jour. Chez tous ces malades, que nous considérons comme guéris de leurs troubles urinaires dus à la prostate sénile, il y a des soins spéciaux que nécessite leur état fonctionnel de la vessie qu'ils doivent suivre avec la plus grande rigueur. (*Leçons*, p. 352 et suivantes.)

L'évacuation des liquides en rétention dans les cavités prostatiques se fait quelquefois sous une forme particulière. Il sort par l'urètre une plaque ressemblant tout à fait à la croûtelle d'une petite blessure cutanée ; il y en a qui ont jusqu'à un demi-centimètre carré de surface.

Ces plaques ont un aspect jaune nacré. Quand on les presse entre les doigts, elles se craquèlent, sans cependant se morceler. Une de leurs faces est lisse; l'autre, moins lisse, donne attache à une mucosité prostatique ; l'adhérence de la mucosité se fait par son extrémité étroite et, s'élargissant peu à peu, présente tout à fait l'aspect d'une plante aquatique flottante. Quand on la met dans l'eau, on voit qu'elle s'étale par sa base et se rétrécit vers le sommet pour se terminer au point d'adhérence avec la croûtelle. Nous en avons vu qui avaient presque 3 centimètres de longueur et qui s'étalaient à leur base facilement dans l'eau de 2 centimètres. Il est évident que la croûtelle occupait l'urètre sur l'orifice du lobule glandulaire prostatique et que la mucosité, en sortant dans l'urètre, a poussé la croûtelle au-devant d'elle. « J'ai observé plusieurs fois ces faits (1); un ces dernières années, sur un malade de mon maître, le Dr Moissenet. »

III

Oblitération par calculs des conduits excréteurs prostatiques.

Nous avons dit précédemment que lorsque la prostate diminue sous l'influence du traitement, l'excitation des parois vésicales cesse. Mais, dans le cas de calculs prostatiques, presque toujours l'irritation du col est continue et l'excitation de la vessie va croissant jusqu'aux accidents généraux les plus graves. Voici un

(1) Reliquet.

fait typique (*Leçons sur les maladies des voies urinaires*, p. 246 et suivantes) :

Observation XXIX. — « En 1875, un malade d'une bonne constitution générale, âgé de soixante-cinq ans, est arrivé à la surexcitation de la stagnation d'urine. Les mictions ont lieu tous les quarts d'heure et sont suivies d'élancements jusque dans l'extrémité de la verge. La prostate est globuleuse, saillante dans le rectum; elle a cette consistance générale demi-molle due à la congestion. La vessie, très distendue, remonte à deux travers de doigt de l'ombilic. Par la sonde, il s'écoule plus d'un litre d'urine un peu foncée, mais non altérée. La vessie est vidée très lentement; il n'y a pas de sang. Le malade est sondé d'abord trois fois par vingt-quatre heures. Mais, après quatre jours, les envies d'uriner devenant plus fréquentes, on met une sonde à demeure qui est changée tous les jours; elle n'y reste que quatre jours et on fait par elle des injections dans la vessie avec de l'eau tiède et de l'eau phéniquée au millième. Chaque fois qu'on vide la vessie, il faut y injecter un peu d'eau tiède pour faire cesser l'envie douloureuse d'uriner.

» Le rectum est maintenu vide par de grands lavements d'eau tiède, de temps en temps miellée ou glycérinée. Dès le début, on applique des sangsues au périnée, tout près de l'anus, cinq, mises l'une après l'autre; quand une tombe, on met la suivante.

» La prostate diminue rapidement de volume, son empâtement général disparaît et le doigt, au lieu de sentir le tissu prostatique plus ou moins dur, perçoit très nettement, dans les deux lobes latéraux, des calculs qui frottent les uns sur les autres.

» Chez ce malade, l'excitation vésicale a toujours été en augmentant; la vessie se dilatait de moins en moins. Lorsque la sonde à demeure est retirée, l'urine s'écoule par l'urètre; mais, à chacune de ces mictions très fréquentes, les douleurs sont vives. La vessie ne reçoit plus que soixante grammes d'eau tiède; de là les troubles généraux qui amènent l'issue fatale.

» Ces calculs prostatiques sont restés inaperçus dans la prostate jusqu'au moment où il a fallu intervenir directement pour faire cesser la stagnation d'urine. Rien ne faisait prévoir leur existence. La prostate congestionnée donnait, au toucher, tous les signes de cette congestion, rien de plus. Lorsque la prostate a diminué, par les moyens qu'il convient d'employer en pareil cas, dans le but d'abaisser le col vésical pour rétablir son rapport physiologique avec les parois de la vessie, alors les calculs ont révélé leur existence comme de véritables corps étrangers irritant les tissus et le col vésical.

» Je considère comme d'un pronostic très grave la découverte des calculs prostatiques dans ces cas de stagnation ou de rétention d'urine. Le changement brusque dans la fonction de miction et l'excitation des parois vésicales qui nécessitent de fréquents cathétérismes ou la sonde à demeure, et surtout l'état d'irritation des éléments glandulaires de la prostate, qui se produit toujours après les premiers cathétérismes, tout cela favorise l'action des calculs prostatiques comme corps étrangers irritant les tissus.

» Il m'est arrivé plusieurs fois d'être consulté par des malades qui ne vidaient pas leur vessie, qui étaient encore dans la période de stagnation latente, chez qui, au toucher rectal, je trouvais des calculs de la prostate. Il n'y avait pas de congestion de la prostate. J'ai toujours conseillé les moyens qui conviennent pour maintenir constamment vide l'intestin et le régime indiqué plus haut (p. 167), insistant sur la nécessité de ne provoquer aucune excitation de la vessie ou de son col. Dans ces cas, l'abstention du cathétérisme évacuateur est ici absolument indiquée, à moins qu'il y ait rétention, envies fréquentes d'uriner avec douleurs, d'autant que, par les moyens employés, on arrive à rendre les mictions moins fréquentes.

» J'ai aussi observé un vieillard qui se sondait pour uriner depuis longtemps sans en éprouver de gêne plus grande, qui avait des calculs prostatiques. Il me demandait de provoquer la miction par l'urètre. La crainte de surexciter la prostate et de provoquer l'action irritante de ces calculs me fit refuser l'emploi des moyens que le malade réclamait. Ce malade, depuis quatre ans, continue à se sonder, tout en suivant le régime qui convient à son état, et il n'a éprouvé aucun accident. »

IV

Complications inflammatoires de la prostatite sénile. — Phlébite des sinus périprostatiques. — Orchite. — Periorchite suppurée. — Suppuration chronique des voies séminales.

Les complications inflammatoires de la prostatite sénile ont déjà été étudiées dans les *Leçons sur les maladies des voies urinaires* (p. 256 et suivantes) :

« Plusieurs fois j'ai déjà insisté sur les congestions violentes de la prostate au moment des difficultés pour uriner à la fin de la période latente de la stagnation d'urine et sur celles qui suivent les premiers cathétérismes. Je vous ai dit qu'il y avait souvent, à ce moment, des mucosités dues à l'hypersécrétion des glandes prostatiques, qui se mêlaient à l'urine soit dans la vessie, soit seulement dans l'urètre lorsque ce liquide y passe. L'irritation des éléments glandulaires, cause de cette sécrétion abondante plus ou moins chargée de pus, nous explique la production facile des cavités glandulaires prostatiques qui se vident dans l'urètre par un orifice étroit quand on les comprime avec le doigt dans le rectum et des abcès de la prostate laissant après eux des cavités largement ouvertes dans l'urètre, dans la vessie ou plus rarement dans le rectum.

» Ces abcès peuvent présenter tous les différents degrés d'acuité ou d'étendue : foyer limité, fonte purulente de la prostate, avec ou sans phlegmon périphérique. M. P. Segond, dans son travail, en donne une bonne description.

» Le voisinage ou plutôt l'existence dans la prostate hypertrophiée et volumineuse de sinus veineux rend ces phlegmons de la prostate graves, en raison de la phlébite fréquente de ces cavités veineuses, qui est l'origine de l'infection purulente.

» Avant de passer à d'autres parties de notre sujet, je tiens à vous dire que, pendant la période de diminution de la congestion de la prostate, il peut se détacher des sinus veineux prostatiques un caillot ou des caillots, dont la migration embolique peut amener la mort subite. Dans les cas de tumeur fongueuse du trigone vésical, on a signalé plusieurs faits de mort subite due à des embolies qui venaient des sinus prostatiques. Cela peut très bien se produire sans qu'il y ait de fongus du trigone, la prostate étant seule le siège d'une congestion avec arrêt de la circulation dans ces sinus et l'inflammation des parois du sinus provoquant facilement la coagulation du sang maintenu dans sa cavité.

» J'ai observé le fait suivant : Appelé près d'un homme de soixante ans, taillé en hercule, pour faire cesser une rétention d'urine, je trouve le col vésical tellement élevé en arrière du pubis que je ne puis arriver jusqu'à son niveau avec une sonde quelconque. Le simple contact explorateur des instruments sur la région prostatique donnait beaucoup de sang. La prostate énorme, globuleuse, tendue par le sang, faisait une énorme saillie dans le rectum ; le doigt ne pouvait pas la délimiter. Les deux membres inférieurs étaient complètement variqueux. Il y avait un varicocèle volumineux de chaque côté.

» Je fis la ponction aspiratrice de la vessie avec l'appareil de M. Potain, je retirai un peu plus d'un litre et demi d'urine claire. Douze heures après, je fis une seconde ponction. Je répétai l'aspiration deux fois dans la journée du lendemain. Pendant ces quarante-huit heures l'intestin fut vidé par un purgatif salin et des grands lavements donnés avec ma longue canule, et j'appliquai six sangsues au périnée immédiatement en avant de l'anus, mises l'une après l'autre. Alors j'arrivai dans la vessie avec une sonde en gomme à grande courbure et à petit bec coudé ; je laissai la sonde en demeure que je changeai toutes les vingt-quatre heures, pendant cinq jours. Frappé de l'abaissement considérable du col, la sonde arrivant bien plus rapidement dans la vessie, et cela sans rencontrer d'obstacles, j'essayai de laisser le malade sans sonde, mais il n'urina pas et les efforts étant ici très dangereux, en raison de la congestion facile de la prostate, je mis à demeure une sonde en caoutchouc vulcanisé qui entra sans difficultés dans la vessie.

» La prostate avait beaucoup diminué, son tissu propre était très reconnaissable et le doigt la délimitait malgré son volume.

» Le malade ayant un état général très bon se levait une partie de la journée. Quand il vidait sa vessie par la sonde, il n'éprouvait jamais l'excitation pour uriner qui nécessite l'injection d'une petite quantité d'eau tiède. Par-dessus la sonde, il ne sortait que très peu de mucosités. Il avait la sonde en caoutchouc depuis trois jours et par conséquent, dix jours après la rétention.

» En sortant de table, le soir à sept heures, il veut

s'étendre sur son lit, éprouvant un léger malaise. Au moment même où il se met horizontal, il est pris d'une anxiété générale très courte et meurt immédiatement.

» J'ai pensé devoir rattacher cet accident à une embolie provenant des sinus de la prostate, bien que chez un sujet aussi variqueux d'autres origines d'embolies sont très possibles.

» Comment se produisent ces accidents inflammatoires prostatiques? J'ai vu trois fois des malades arrivés à la période d'excitation de la stagnation d'urine, chez qui, avant tout examen de l'urètre, une légère pression du doigt sur la prostate gonflée faisait sortir par le canal une quantité assez grande d'un liquide blanc-jaune, opalin, épais, contenant des grumeaux gros comme des têtes d'épingle et des filaments muqueux. Au microscope j'y ai vu des leucocytes, des granulations brillantes qui disparaissent par l'acide acétique et des sympexions de la prostate. J'ai aussi observé, chez un malade, des spermatozoïdes. Chez deux de ces malades, il y avait un peu d'écoulement par le méat en dehors de la miction. Chez le troisième, l'urine était chargée de muco-pus dans le vase; mais la sonde conduite dans la vessie n'en retirait que de l'urine claire. Ce liquide se chargeait donc de mucosités en passant dans l'urètre.

» Chez ces trois malades, après la pression du doigt sur la prostate, après l'évacuation par le canal des liquides retenus dans les cavités glandulaires, il y a eu un soulagement momentané, la miction a été plus facile et moins fréquente.

» Le cathétérisme s'est fait très facilement même

avec une sonde conique olivaire. De plus le liquide évacué artificiellement par la pression du doigt n'était pas mélangé d'urine, ainsi les ouvertures de ces cavités glandulaires dans l'urètre étaient petites.

» Chez l'un d'eux, après la sortie de ce liquide d'hypersécrétion, le doigt constatait une diminution notable dans la tension de la prostate et pouvait reconnaître les éléments glandulaires qui s'étaient vidés : c'étaient ceux du lobe gauche. Chez les deux autres, la dépression observée après l'évacuation n'était pas très nette en raison de l'hypertrophie considérable existante. Quant aux quelques spermatozoïdes, qui du reste étaient sans mouvement, quoique l'examen microscopique fût fait immédiatement, ils venaient forcément des canaux éjaculateurs, peut-être déjà enflammés.

» Un de ces malades m'a affirmé que, depuis longtemps, il avait remarqué qu'il urinait mieux et plus abondamment quand il avait coïté.

» Ces dilatations glandulaires n'ont pas toujours ce degré considérable, mais existent fort souvent à un degré moindre dans les grosses prostates, ainsi que le démontre l'examen anatomique...

» Voilà un terrain bien préparé pour faire des abcès. Il suffit d'une cause, soit un traumatisme comme un cathétérisme violent, soit une congestion brusque produite par des excitations génésiques intempestives ou par une poussée hémorroïdale, soit l'irritation locale due à un topique porté dans la région prostatique, soit une injection plus ou moins vive poussée dans cette région, pour provoquer une inflammation aiguë de ces cavités glandulaires et des tissus circonvoisins.

» Lorsque l'abcès ne se produit pas, ce qui est de beaucoup le plus fréquent, après la disparition de la congestion violente de la prostate, il y a une certaine diminution de capacité des cavités glandulaires; mais il persiste une inflammation chronique localisée dans cette région du canal qui, à la première cause, peut devenir plus ou moins violente et qui est le point de départ des accidents si fréquents observés dans les voies génitales proprement dites.

» Toujours, chez ces malades, la région prostatique de l'urètre est dilatée et est limitée en arrière par la saillie brusque de la lèvre inférieure du col vésical. Pour peu que la sonde soit mal conduite, elle vient heurter la face antérieure de cette saillie. De là une irritation qui réveille une inflammation de la prostate et qui est aussi la cause occasionnelle des accidents observés dans les voies séminales.

» On voit donc l'origine de ces orchites si fréquentes chez les sujets qui sont obligés de se sonder. Ils portent au niveau de l'ouverture des canaux éjaculateurs dans l'urètre, une inflammation chronique qui peut se propager dans les canaux déférents jusqu'à l'épididyme.

» Les causes occasionnelles de l'orchite sont ici très nombreuses : en tête se trouvent les tâtonnements des cathétérismes, le bec de la sonde étant arrêté dans la région prostatique; les injections faites dans la région prostatique, par mégarde, lorsqu'on croit les yeux de la sonde dans la vessie ou les injections poussées avec force par le méat jusque dans la région profonde de l'urètre.

» Mais il n'est pas rare de voir ces orchites se produire sans qu'il soit possible de les attribuer à un traumatisme. D'une façon générale, chez beaucoup de ces malades atteints de stagnation d'urine avec inflammation chronique de la région prostatique, lorsqu'il y a du malaise général, la sensibilité des bourses et du testicule est plus grande. Leur constipation s'accompagne souvent de douleurs dans les canaux inguinaux; on y observe un certain gonflement du cordon que j'ai souvent vu cesser après l'évacuation complète des intestins. Or, il est rare que l'orchite apparaisse d'emblée sans ces manifestations envahissantes le long du cordon, qui durent pendant un ou deux jours avant d'arriver à l'épididyme. Dans mon traité des « opérations des voies urinaires », j'insiste sur cet envahissement progressif du cordon dans les orchites observées dans le cours de la lithotritie (ancienne). Ici les conditions pathogéniques sont analogues.

» Une fois l'épididyme envahi, le gonflement se fait ordinairement assez lentement; il va en augmentant pendant deux ou trois jours. Presque toujours les tissus du scrotum sont le siège d'un œdème plus ou moins généralisé, plus marqué au niveau du testicule pris. Le gonflement général du testicule varie beaucoup; il peut être limité à l'épididyme dont on peut toujours explorer le contour; d'autres fois, il est complet et il y a du liquide accumulé dans la tunique vaginale.

» La douleur est rarement très violente et n'offre pas ordinairement les irradiations habituelles dans l'orchite blennorragique, sur lesquelles M. Mauriac a justement insisté dans son travail. Dès que la tuméfaction est arrivée à son maximum, ce qui est très variable, la douleur même locale cesse; il faut toucher le testicule, le déplacer pour la réveiller. Le plus souvent la résolution se fera même assez vite. Mais il arrive que l'inflammation se localise en un point où l'empâtement des tissus du scrotum est plus marqué. C'est un abcès qui se produit. D'autres fois, mais rarement, la douleur continue à être très vive, la vaginale est très distendue. La ponction, en évacuant le liquide qu'elle contient, amène de suite du calme. Il n'est pas rare de voir le liquide évacué chargé de pus; cela m'est arrivé dans la proportion d'une fois sur quatre. Mais le plus souvent c'est le liquide limpide citrin qui s'écoule.

» Plusieurs fois la suppuration de la cavité vaginale était complète et l'œdème inflammatoire des bourses, surtout du côté malade, était intense. En même temps, la fièvre était intense et l'état général était des plus graves. J'ai dû ouvrir la vaginale, y mettre un drain du point le plus déclive au sommet, et par ce drain, on a fait quatre fois par jour des injections avec de l'eau phéniquée à deux ou quatre pour mille.

» Puis, quand l'évacuation des grumeaux purulents a été complète, quand, à sa sortie, le liquide des injections a été clair, on a fait des injections avec de l'eau boriquée à 4 0/0. En même temps, on appliquait sur les bourses des compresses imbibées d'eau phéniquée ou d'eau boriquée dès que la peau s'irritait. Ainsi, j'ai toujours vu guérir ces suppurations de la vaginale dues à l'état des voies urinaires.

» Les abcès périphériques ne sont pas toujours loca-

15.

lisés au pourtour du testicule; j'en ai observé au voisinage du cordon dans les bourses.

» Un autre fait qui m'a frappé, c'est la cessation brusque du gonflement de l'épididyme et du cordon, du jour au lendemain. Dans un cas, j'ai pu constater que cette marche rétrograde brusque coïncidait avec l'évacuation par l'urètre de mucosités purulentes épaisses et abondantes.

» J'ai pu faire l'autopsie d'un sujet qui est mort, au commencement de la résolution, d'une orchite gauche provoquée par de fausses manœuvres de sonde dans la région prostatique. Le canal déférent était gorgé de pus; on en trouvait jusque dans les canaux de l'épididyme. Les tissus voisins du canal déférent étaient intacts, mais ceux qui enveloppaient l'épididyme étaient enflammés; on les séparait difficilement de l'organe. C'était tout à fait un phlegmon du tissu ambiant.

» Ainsi, là, comme autour du rein et de la vessie, l'inflammation des tissus voisins se produit. C'est ainsi que se forment les abcès du scrotum, assez fréquents dans ces orchites. »

Observation XXX. — « J'ai observé un fait de suppuration des éléments glandulaires de la prostate, des vésicules séminales et des voies séminales se vidant par l'urètre, chez un malade de soixante-cinq ans atteint de stagnation d'urine, pour laquelle il se sondait depuis cinq ans quatre fois par vingt-quatre heures. J'ai soigné ce malade pendant sept ans. Il avait été opéré de la lithotritie en 1870 par un confrère. Le brise-pierre (1) à cuiller s'étant engorgé, en le retirant, on avait déchiré l'urètre à la partie

(1) Le brise-pierre Reliquet rend cet accident impossible.

moyenne de la verge (c'est là le lieu d'élection de ces déchirures). Je vois le malade pour la première fois en 1873. Je dilate le rétrécissement et, par la sonde de plus en plus grosse jusqu'au 21, j'évacue de la vessie une quantité considérable de graviers rouges, ronds (gros comme de la graine de choux). Le malade urina seul pendant quelque temps. Le soir, avant de se coucher, il se passait une sonde pour vider la vessie. Mais les envies d'uriner devenaient de plus en plus fréquentes dans la journée. Aussi bientôt fallut-il vider la vessie matin et soir. Je remarquai que le col vésical s'élevait de plus en plus et, pour le franchir, on dut se servir d'une sonde coudée au lieu de la sonde conique olivaire. Bientôt, — en 1875, — il ne sortit pas une seule goutte d'urine sans la sonde. A partir de ce moment, le malade se la passait quatre fois par vingt-quatre heures.

» Lorsqu'il y avait un peu de difficulté de garde-robe, les grands lavements avec la longue canule n'étant pas pris régulièrement, lorsque le passage de la sonde était trop retardé ou lorsqu'il y avait de la surexcitation générale en raison de l'impressionnabilité facile du malade, la sonde s'arrêtait en avant de la lèvre inférieure du col; après des tâtonnements plus ou moins longs, elle passait, ou, si elle ne passait pas, j'étais appelé. Il en résultait une irritation plus ou moins grande de la région prostatique qui d'abord cessait vite, puis fut suivie trois fois d'orchite à marche simple du côté gauche. Mais il restait toujours un écoulement muco-purulent qui tachait la chemise pendant quelques jours. Plusieurs fois le malade a été soulagé par l'évacuation brusque d'une quantité notable de matières muqueuses chargées de pus et gommant le linge. Ces évacuations spontanées ont eu lieu la nuit. Le malade les considérait comme étant des éjaculations; je n'y trouvai pas de spermatozoïdes. Au commencement de 1880, la rétention d'urine étant intense après avoir vidé la vessie, celle-ci ne se dilatant plus assez pour que les envies d'uriner soient rares, je dus mettre la sonde à demeure que je changeais tous les deux jours. Là encore, lorsque la vessie était vidée par la sonde, il fallait faire une injection de quelques grammes d'eau tiède, pour faire cesser la fausse envie douloureuse d'uriner.

» Après une purgation avec l'eau d'Hunyadi-Janos suivie de boissons abondantes, le rectum est maintenu constamment vide par les grands lavements matin et soir. Quatre sangsues sont appliquées l'une après l'autre en avant de l'anus. Puis, tous les soirs, un petit lavement à garder contenant 1 gramme de chloral.

» Au toucher rectal, la prostate symétrique est assez grosse, saillante, très sensible au contact du doigt. Mais, après deux jours de sonde à demeure et l'application de sangsues, brusquement je la trouve presque petite, symétrique et pas sensible. Par-dessus la sonde, il était sorti une quantité notable de mucosités purulentes épaisses. Le malade éprouvait moins de douleurs, la vessie se dilatait mieux et la sensibilité de la vessie vide avait diminué.

» La sonde à demeure est retirée après huit jours ; le malade recommença à se sonder lui-même, mais toutes les quatre heures.

» A partir de cette époque, par l'urètre, il y a constamment un écoulement de mucosités purulentes épaisses, tantôt compactes, tantôt filantes, que la contraction urétrale chassait au dehors, à des intervalles plus ou moins longs, dans les vingt-quatre heures. La sonde conduite dans la vessie en retirait une urine claire, ne contenant jamais de ces mucosités.

» Après des tentatives de cathétérisme un peu longues, faites par le malade, malgré l'emploi de sondes en gomme à grande courbure et coudées, il se développa en deux jours une orchite du côté gauche. La douleur est violente dans le canal inguinal, où le cordon est gonflé, et dans le testicule. Œdème du scrotum du même côté. La prostate est de nouveau dans son état de gonflement déjà observé et très sensible ; les envies d'uriner sont plus fréquentes. Bientôt le cordon et le testicule droits se prennent de la même façon. La sensibilité de tout le scrotum un peu œdématié, surtout en bas, est des plus vives.

» Je remets la sonde à demeure, je couvre les parties d'un cataplasme et, trois fois par jour, on les onctionne avec un onguent belladoné, 4 d'extrait pour 30 d'axonge.

» Au septième jour, lorsque les orchites sont presque indolentes, malgré le volume des parties, il n'y a plus que la partie inférieure du scrotum, à droite et à gauche, de douloureuse au toucher, et il commence à sortir par-dessus la sonde des quantités de mucosités épaisses. Lorsque je change la sonde, l'urètre étant vide, le contact du doigt sur la prostate fait sortir par le canal beaucoup de ces mucosités épaisses, filantes, et on perçoit très bien la diminution de volume de l'organe. Le calme de la vessie étant rétabli, je retire la sonde. Alors, de temps en temps, la contraction de l'urètre expulse de ces mucosités ; et, du soir au matin, je fus étonné de constater la diminution presque complète du gonflement des testicules et des cordons. Il y a eu pendant la nuit une expulsion très abondante de ces mucosités purulentes épaisses. Il ne restait que deux points indurés dans le tissu du scrotum adhérent aux épididymes et placés de chaque côté et en dehors. Il se forma à chacun de ces deux points un petit abcès, qui, ouvert, se guérit rapidement sans trace de trajet fistuleux.

» Les expulsions spontanées de ces mucosités ont continué à se produire et à amener un certain soulagement, jusqu'au jour où il se développa un véritable phlegmon de la prostate qui détermina l'infection purulente.

» Je me suis étendu longuement sur ce fait parce qu'il montre bien la propagation de l'inflammation de la région prostatique de l'urètre jusqu'à l'épididyme et la production des abcès scrotaux périphériques. Il montre aussi l'évacuation spontanée des liquides morbides sécrétés dans les voies séminales.

» Enfin, dans le fait d'inflammation de toutes les voies séminales, il y a une excitation réflexe de la vessie dont l'intensité suit exactement les conditions de l'état pathologique de la prostate et des vésicules séminales. Et cela jusqu'au moment où, l'irritation intense venant de ces organes étant constante, il se produisit une véritable contracture permanente de la vessie, toujours très grave en raison des accidents sérieux qu'elle finit par provoquer chez les sujets atteints de stagnation d'urine ancienne et des altérations de la vessie, des uretères et des reins qui en résultent (1). »

Il nous reste désormais à parler des prostatites avec altérations ou transformations, le plus souvent épithéliomateuses, des tissus de la glande. Cette étude fera l'objet du tome second de l'ouvrage, qui contiendra également ce que l'examen des faits a pu nous apprendre de la pathologie des autres glandes urétrales.

(1) *Leçons sur les maladies des voies urinaires*, page 270.

FIN DU TOME PREMIER

TABLE DES MATIÈRES

IMPRIMERIE CHAIX, RUE BERGÈRE, 20, PARIS. — 19648-9-94. — (Encre Lorilleux).

TRAVAUX DU Dr RELIQUET

De l'urétrotomie interne (1865).
Irrigation de l'urètre et de la vessie. Brochure (1866).
Traité des opérations des voies urinaires. 1 vol. in-8° de 820 pages, 191 figures dans le texte (1871).
Sur la lithotritie, à propos du brise-pierres et de l'appareil pour la lithotritie de l'auteur. Brochure (1872).
Calcul vésical; contraction de la vessie sur la pierre; action comparée des courants électriques continus et de l'anesthésie chloroformique sur cette contraction de la vessie; taille médiane. Brochure (1872).
Urétrotomie externe sans conducteur. Brochure (1873).
Moyens propres à détacher les concrétions calcaires adhérentes aux parois de la vessie. Brochure (1873).
Oblitération du canal éjaculateur par des sympexions de la vésicule séminale. Colique spermatique. Brochure (1874).
Dilatation brusque de l'urètre d'une femme âgée, avec chloroforme, pour extraire une pierre volumineuse. Brochure (1876).
Faits de phlegmons périvésicaux. Brochure (1878).
Hémorragies chirurgicales des voies urinaires. Brochure (1878).
Lithotritie et taille; trois pierres volumineuses; corps fibreux de la prostate. Brochure (1879).
Coliques spermatiques. Brochure (1879).
De la lithotritie rapide. Brochure de 79 pages, 28 figures dans le texte (1882).
La lithotritie doit être faite sans traumatisme. Brochure (1882).
Hématurie et colique spermatique due au méat étroit placé haut sur le gland. Brochure (1883).
Anurie calculeuse, traitée par l'augmentation de la tension du sang dans les artères du tronc. Brochure (1882).
Fistule urétro-prostatique périnéale et rectale; guérison. Brochure (1884).
Leçons sur les maladies des voies urinaires : Miction. — Spasmes de l'urètre et de la vessie. — Action du chloroforme sur l'urètre et la vessie. — Stagnation d'urine. (Les deux premières leçons ont été couronnées par l'Académie des sciences: Prix Godard 1878.) 1 vol. in-8° de 374 pages (1885).
Fistules urétrales non urinaires. Brochure de 40 pages (1885).
Carcinome villeux diffus de la vessie, par MM. Cornil et Reliquet. Brochure (1886).
Persistance du canal de Muller. Hydronéphrose du rein et de l'uretère droits. Pyélonéphrite calculeuse du rein gauche très hypertrophié. Brochure, 3 figures (1887).
Rétrécissements péniens compliqués de cowpérites suppurées. — Urétrotomie interne. Brochure (1887).
Antisepsie des voies urinaires avant les théories microbiennes. Brochure (1890).
Pathogénie de l'intoxication urineuse. Brochure (1892).
Faux rétrécissements de l'urètre. Brochure, 46 pages, par le Dr Reliquet et A. Guépin, interne des hôpitaux.
Ostéomalacie sénile du sacrum, du coccyx et de la colonne vertébrale. Brochure (1894).

Dr A. GUÉPIN

Sur l'innervation vésicale. *Journal de l'Anatomie et de la Physiologie,* mai-juin 1892.
De la rétention d'urine chez les opérés. *Gazette des Hôpitaux,* 18 mars 1893.
Faux rétrécissements de l'urètre, par le Dr Reliquet et A. Guépin. Brochure (1893).
Cystocèle crurale. *Revue de Chirurgie,* août 1893.
De la colique spermatique. Thèse de doctorat, Paris 1894.
Pyélonéphrite, etc. *Gazette médicale de Paris,* août 1894.

IMPRIMERIE CHAIX, RUE BERGÈRE, 20, PARIS. — 19650-10-94. — (Encre Lorilleux).

www.ingramcontent.com/pod-product-compliance
Ingram Content Group UK Ltd.
Pitfield, Milton Keynes, MK11 3LW, UK
UKHW031838260826
14628UKWH00001B/462